普天之下・盡是好書

普天出版家族
Popular Press Family

凌雲文創
A-Plus Creative Company

法國作家羅曼・羅蘭說：
「人必須賞識自己，把嫌棄、畏縮、自卑……等壓迫自己的負面想法拋棄，否則，你就註定一輩子當個平庸的人。」

# 可以輸給別人，千萬不要輸給自己

FIND YOUR WAY

只有改變自己的心態，才能迎向最美好的未來

王渡——編著

在所有的敵人中，我們最容易原諒、最容易妥協的就是自己，因爲，要贏過自己需要極大的勇氣，但唯有下定決心戰勝自己，一個人的生命才有了嶄新的價值。
可以輸給別人，千萬不要輸給自己。我們應該對自己充滿信心，竭盡全力發揮本身的能力，要是一味藐視自己，又有什麼資格抱怨別人瞧不起自己呢？

• 出版序 •

# 可以輸給別人，千萬不要輸給自己

無論別人有再多的意見，最後做決定的始終還是你自己，沉淪還是向上躍昇，一切掌握在自己的手裡。

俄國作家契訶夫曾說：「對自己『不滿』是任何想要成功的人，必須具備的特質。」

的確，對自己的現狀不滿足，是超越自己的最大原動力，也是成功的利器之一，換言之，如果你一味地安於現狀，不僅無法超越自己，更別說去超越別人，獲取自己想要得到的成功。

不必理會身邊的冷嘲熱諷，也不用害怕面對無情的打擊，只要繼續向前走，每多走一步，夢想就會離你近一點。

伊安．吉格斯是個足球員，出道得很早，在十七歲那年，就已經是英國曼徹斯特聯盟的主力球員。

一整個球季下來，他代表曼徹斯特聯盟踢了二十五場比賽，年輕力壯的他後勢看好，是體壇上逐漸發光發熱的明日之星。

當時，只要稍有名氣的球員，曼徹斯特聯盟就會配給一輛汽車，作為代步的工具；這種車外型漂亮，價格也不算太高，最大的意義是象徵了運動員的榮耀。

伊安覺得自己的球技不錯，戰績也不輸給任何人，應該也有資格得到這麼一輛車，於是鼓起勇氣向老闆提出要求。

沒想到，老闆居然回答說：「你想要得到一輛車？一輛曼徹斯特聯盟的車？你是指一輛腳踏車嗎？」

伊安聽了老闆的話，一口氣衝上心頭，只差沒氣得昏倒。他把老闆的嘲諷一字一句地記在心裡，卻沒有因此而打退堂鼓，默默地在心裡發誓，總有一天，要讓這些曾經看不起他的人，全部對他刮目相看！他要用實力證明，自己絕對配得到一輛好車。

於是，他卯足了全力，每場比賽皆全力以赴，不放過任何表現的機會，終於在一九九一年的聯盟賽中大放異彩。滿場球迷為他熱情的歡呼，伊安．吉格斯出神入化的球技烙印在每個人的心裡，在報章雜誌的體育版中佔了最大的篇幅。

為了證明自己的價值，伊安一路朝著夢想邁進，後來他所擁有的不只是曼徹斯特聯盟配給的便宜汽車，還擁有六台百萬名車，年薪高達兩百七十五萬英鎊。

莎士比亞曾經說：「假使我們將自己比做泥土，那就真要成為別人踐踏的東西。」

其實，別人認爲你是哪一種人並不重要，重要的是你是否能戰勝自己；別人如何打敗你也不是重點，重點是你是否在別人打敗你之前，就先輸給自己。

所謂的失敗，並不是自己輸給別人，而是輸給自己，想要獲得成功，就要努力成爲一個戰勝自己、超越自己的人。

壓力也是一種助力，伊安並沒有因爲別人的輕視而自暴自棄，反而把它當作力爭上游的動力，努力證明自己的價值。

無論別人有再多的意見，最後做決定的始終還是你自己，沉淪還是向上躍昇，一切掌握在自己的手裡。

越是被別人看不起，就應該越想盡辦法讓自己出人頭地，讓所有人都看見你的努力成果。輕輕蹲一下，你會跳得更高，作用力與反作用力的道理，相信你早已知道了吧！

屠格涅夫曾經寫道：「一般情況下，如果一個人的目的地達到之後，他的熱情就會逐漸冷卻下去。」

其實，這些目的達到，讓自己熱情冷卻下去的人，主要原因出在他們沒有「超越自己」的那種雄心壯志，導致他們的人生缺乏偉大的動力，因此，也就不可能會有什麼傑出成就。

## PART—1 想改變未來，得先改變自己

個性急躁的人處事態度一定草率，他們總是忽略了中間最重要的前進過程，忘了成功必備的基本累積。

PART—2

# 每個人心中都有一盞明燈

自信與經驗是心燈的燈蕊與燈油，只要這兩大素材充實飽滿，那麼明燈便能永遠為我們點燃，而且會燦亮無比地照耀著你我的人生。

PART—3

# 讓自己的思考轉個彎

讓思考轉個彎吧！因為那是解決問題的最好方法，何況生活原本就充滿了彎道，而這些彎道都是啟發創意的最好機會。

PART—4

# 樂觀的人 在絕望中找希望

若能從現實的磨練中深刻地體會，生活處處都是艱難或危險，就很容易培養出樂觀面對的生活態度。

PART—5

# 危機，就是進步的階梯

人生不可能隨時隨地一帆風順，一帆風順也無法讓你進步。只有當你克服危機的時候，才會出現讓你更上一層樓的階梯。

PART—6

# 逆境是離成功最近的地方

能在逆境中向上爬的人，一旦風浪過去，絕對能比那些只在順境裡待過的人爬得更高更快。

PART—7

# 不放棄，就會有運氣

運氣就在我們手中，堅持不放棄，機會自然會在最佳時刻現身，讓我們享受成功的甜美滋味。

PART—8

# 接受挑戰，才能戰勝挑戰

挑戰，其實沒有想像中可怕，如果你不是具備了一定的能力，沒有到一定的境地，這些挑戰又怎麼會出現在你的生命中？

PART—9

# 別把自己交給運氣

抱著投機心態的人往往聰明反被聰明誤，反而多走了許多冤枉路，何不踏實一點，慢慢地走向目標呢？

PART—10

# 成功，需要適當的時機

成功需要一個適當的時機，時機到了，一切自然水到渠成，時機未到，再怎麼費盡唇舌去解釋也是枉然。

PART—11

# 不要變成別人的影子

一個只想著迎合別人，希望成為別人的人，只能在人生的路上隨波逐流，沒有辦法找出屬於自己的方向。

s gonna change my world.

About 30 fire trucks along wi
rushed to the scene to bring
control. There were no repor
and the exact cause of the
determined, they said.

PART 1

# 想改變未來，得先改變自己

個性急躁的人處事態度一定草率，
他們總是忽略了中間最重要的前進過程，
忘了成功必備的基本累積。

# 勇敢地說出你心中的答案

能靈活思考的人，答案不會只有一個，我們不應該用主觀的答案來否定別人創意思考的能力。

在這個世界上，沒有所謂的標準答案。

不論是數學、科學還是其他生活上的大小問題，沒有人可以說出永不被攻破的標準答案。

所以，別害怕說出你心中的答案，更不用擔心你的答案會被嘲笑。緣於這個思考機會，你將擁有全新的生活感受，還會看見屬於你的人生新視野。

這天，發明家愛迪生滿臉不悅地出現在科學家愛因斯坦面前，並抱怨地說著：「每天到實驗室找我的年輕人真多，卻沒有一個令我感到滿意的。」

愛迪生邊說，邊將手上的一張字條遞給愛因斯坦，嘆了口氣：「竟沒有一個人能回答出這些問題，一想到尋找助理的希望不斷落空，心情真差。」

愛因斯坦接過愛迪生的字條，讀了其中一個問題：「從紐約到芝加哥有多少英哩？」笑著對愛迪生說：「這得查一查鐵路指南。」

接著，他又唸了一張問題：「不銹鋼是什麼材料？」

「嗯，這得翻一翻鋼鐵手冊吧！」愛因斯坦說。

愛迪生聽見老朋友竟然這麼不認真地回答，有些惱怒地叫著：「博士，您在說什麼？」

沒想到愛因斯坦卻笑笑地說：「好啦！我知道了，我不需要等你拒絕，現在我就宣佈：愛因斯坦，你落選了！」

這時，愛因斯坦告訴愛迪生小時候的親身經歷。一直到三歲還不會說話的他，到了六歲，學習能力也出現了阻礙；小時候幾乎是在被否定的聲音中成長的他，雖然許多人都對著他喊「小笨蛋」，但是他卻從不放棄自己。

十二歲那年，他決心投入科學，卻在十五歲那年被退學，一路的跌跌撞撞卻從未消滅他的鬥志。

非常重視思考與想像的愛因斯坦，對愛迪生說：「想像力比知識更重要，因為知識有限，而想像力則是無限的，它包含了世界上的一切。豐富的想像力是推動世界進步的力量，更是知識進化的泉源。」

十六歲那年，他的腦海出現一個想像，想像自己騎乘在一束光上，並在未知的星際裡漫遊，從中他反覆深思著：「從出生到今天，時間是如何流逝的呢？」

當他想到這裡，心中也有了更加明確的目標。

從這天起，愛因斯坦告訴愛迪生，自己的一生便注定要與科學為伍，與這些光年為伍，至於答案是什麼並不重要。

愛因斯坦的成功，首先要歸功於正確的思考判斷與想像能力。因爲，沒有想像就沒有好奇，沒有了好奇就不會有思考的企圖，少了思考的企圖，當然就不會有後續的研究動力。

對照著兩位科學家的對話，我們不難看出哪一個才是眞正靈活而活得自在的人。雖然愛因斯坦沒有直接點出愛迪生所提出的問題未免太過迂腐，卻也在自問自答的過程中暗示著：「能靈活思考的人，答案不會只有一個，我們不應該用主觀的答案來否定別人創意思考的能力。」

讀書不能死背，不能墨守成規，愛因斯坦從自己的經驗中領悟到每個人的可能，也堅持相信不同的思考面向有著不同的答案。

只要我們願意多思考，且能夠讓思考創意靈活發揮，那麼無論外在環境給我們多少侷限，或奪走我們多少機會，最終我們還是能找到屬於我們的美麗天空。

# 想改變未來，得先改變自己

個性急躁的人處事態度一定草率，他們總是忽略了中間最重要的前進過程，忘了成功必備的基本累積。

不要只會讚嘆別人成功後的風光，要多看看他們在未成功前的灰頭土臉的模樣。若不是因爲他們從鏡中發現自己臉上沾滿了灰土，他們也不會知道：「是改變自己的時候了！」

羅傑走到了碼頭邊，因為那兒坐滿釣魚的人們，羅傑好奇地走到釣客身邊，發現：「哇！好多魚兒上鉤啊！」

羅傑抬起頭，看著坐在桶子身邊的老先生，面部表情十分嚴肅的老人家，正冷靜地將水中的線拉起，只見他動作俐落地將捕獲的魚兒丟入桶子裡，接著便將魚線拋回水中。

羅傑看著老人家動作如此迅速，心想：「看起來好專業！應該是個專業捕魚人，不像是個業餘的釣客。」

的確，老人家看起來就像是個經驗豐富的漁夫，他似乎知道魚兒的習性，知道牠們什麼時候會出現一般。

「什麼，那個老頭子又釣到魚了？我竟然連隻小魚都釣不到！」

老人身邊的其他釣客，每當老人家從水裡拉上一條魚的同時，都會大聲地抱怨一番。只是，抱怨聲再大，他們桶裡還是空無一物。

羅傑在碼頭邊站了快半個小時，只見老人家不斷地收線撈魚，其他的人則不停地大聲嚷嚷。

老人家的魚線又拋出去了，羅傑心想：「他們距離那麼近，應該擁有著相同的魚群啊！」

羅傑好奇地走到其他釣客身邊，仔細地看著，終於讓他發現問題所在了。原來，這幾個人竟然用甩錨的方法抓魚，只見他們將魚鉤垂入水中，當魚群一靠近，他們便魚鉤立即拉起，希望能「幸運地」鉤到魚群中的某一隻魚。

「這樣投機的方法，怎麼可能抓得到魚呢？」羅傑不屑地評論著。

反觀老人家的釣魚情況，能百發百中的原因確實不是偶然。他等著魚鉤沉入水中之後，便開始耐心等待，即使魚群已經開始爭食魚鉤上的餌，他仍然耐心地等待著其中一隻魚嘴上鉤。

又動了！只見老人家猛地一拉，陽光下，上鉤的魚身正閃閃發亮著。

羅傑笑了一聲，接著便自言自語著：「老人家的釣魚技巧很簡單啊！怎麼看見的人卻不肯學呢？」

抱怨容易實踐難，我們都看得見別人的成功方法，卻也經常像這群釣客一般，只知埋怨自己的失敗結果，卻不用心別人的成功秘訣，不知道要修正自己的錯誤步伐。

一根釣竿、一個魚餌和一份耐心，這是老釣客的成功方法，分析起來其實十分簡單，但是一心只想投機取巧的人，恐怕光是耐心一項便要遇見阻礙了。

生活中有許多值得我們深思的角度，也有許多可以讓我們獲得啓發的生活禪思，就像故事中的釣魚經，在釣魚技巧之外，我們還看見了富含在釣魚過程裡的生活哲思：「看見錯誤卻不修正，失敗將緊緊地跟在你身後！」

個性急躁的人處事態度一定草率，就像故事中投機的釣客們一般，總是忽略了中間最重要的前進過程，忘了成功必備的基本累積。

所以，想讓魚兒成功上鉤，請先將情緒冷靜下來，然後停住你令人心煩的埋怨聲，耐心等待魚線拉動的時刻吧！

## 走出門，夢想才能實現

萬事起頭難，但只要我們勇於「起頭」，只要走過了最難過的第一關，接下來，無論遇見多少困難，必定能更加積極、有自信。

不要當個鎖在高樓上的長髮公主，因爲，不是每個人都能那麼幸運地遇見迷路的王子。

不想再倚在窗口枯等，我們要果斷地剪下長髮，然後自己利用這條長髮爬出窗口。與其等待人們的救援，不如自己勇敢地行動，勇敢地爲自己爭取未來。

推銷員是丹尼退伍後的第一個職稱，公司裡，有一位資歷頗深的老推銷員，業績總是全公司最好的一個。

丹尼剛進公司時，便被分配到這位老推銷員身邊，學習行銷技巧。丹尼剛開始有些排斥，不過慢慢地卻發現，前輩雖然在公司裡很不受歡迎，但是凡是和他接觸過的客人們卻十分喜歡他。

於是，丹尼決定想多了解這位老前輩的成功技巧。

有一天，前輩突然對他說：「丹尼，我們一塊兒去拜訪顧客吧！」

丹尼連忙搖頭說：「不了，辦公室裡還有很多的事要做，我沒有時間出去拓展新業務。」

「是嗎？請問你在辦公室裡所做的一切，與拓展新業務相比，哪一個比較重要呢？」前輩問。

聽見前輩的責問，丹尼不知道要怎麼回答，只因為他實在很不想出去，更不想去敲陌生人家的大門。

前輩有些不悅地對他說：「走吧！出去之後，你自然就會發現，有很多人需要我們的幫助，而且對於你適時的幫助，他們很樂意給予你最好的回報！」

丹尼低頭想了一下：「也對，推銷員要的是業績，我坐在這裡怎麼可能會有好成績呢？」

車上，前輩並沒有閒著，繼續替丹尼上課：「丹尼，如果我給你一千美元，你會用它做什麼？」

丹尼隨口說：「還信用卡的錢吧！」

前輩搖了搖頭，說：「不對！」

丹尼聽見答案被否定了，有些惱火地說：「好吧，如果你給我一千美元，我會好好地玩一玩。」

沒想到這個答案似乎得到了前輩的肯定。他繼續問：「能不能說具體一點，你會用它來找什麼樂子？」

丹尼原本一直迴避著，最後他說：「我想，我會去參加雷諾飛行大賽，因為那是我的夢想。」

前輩滿意地點了點頭，接著繼續追問比賽的相關細節，聊著聊著，車子也抵達了目的地。這時，這位前輩對丹尼說：「現在，你就從這裡開始吧！這個社區以後就交給你了！」

丹尼點了點頭，接著便鼓起勇氣，提起了公事包走出車子，大步向前邁進。

一個小時之後，丹尼帶著燦爛的笑容回到車廂，手裡還塞滿了當晚約見客戶的合約。

十一年以來，丹尼第一次參加了雷諾飛行比賽！

每當丹尼回想起那一天，總是充滿感激地說著：「那是我一生中學到最多東西的一天！」

「跨出第一步就對了！」這是故事中的老推銷員教導丹尼的行銷技巧，當然也是他傳授給讀者們的成功技巧。有了第一步，就一定會有第二步，這是許多成功者走過最辛苦關卡的共同感想。

萬事起頭難，但只要我們勇於「起頭」，只要我們走過了最難過的第一關，接下來，無論我們遇見多少困難，必定能笑笑地說：「最難的那一關都走過了，這不算什麼。」

是吧！回想起小時候在學習騎腳踏車時，從克服上車的恐懼，到不斷摔車的挫折中，我們並不以爲意，反而越挫越勇，你知道這是爲什麼嗎？

因爲我們知道：「最辛苦的都熬過了，反正都已經渾身是傷了，再摔幾次又何妨？付出這麼多了，怎麼可以沒有收穫！」

所以，我們看見丹尼在渡過關鍵的一個小時之後，有了嶄新的人生面貌，對於未來，丹尼顯得更加積極、有自信了，這全得歸功於老同事督促他勇敢地跨出的第一步。

那麼，還坐在桌前數時間的人，還在塗塗改改計劃表的人，別再讓自己處於「靜置不動」的狀態了，跨出去吧！

跨出之後，你自然會知道計劃表上的項目有那些不適用，又有那些果眞能讓你實踐夢想。

# 要有擊出全壘打的信心與勇氣

人生就像一場球賽，勇於挑戰的人擊出全壘打的機會一定比別人多，執著實現目標的人才會綻放自己的光芒！

「打開你的天空，帶我看見世界多麼遼闊，你是我心裡永遠的英雄，心臟爲你跳動，用生命相信你一定成功！」

這是歌手送給奧運選手們的勉勵，歌詞之中也提醒著即將赴沙場征戰的運動員們，只要你有信心有勇氣，你的生命將會引領你，超越每一個巔峰。

《傻瓜棒球》是美國某家小出版社的新書，很多人讀過了這本書，而且都被書中的一句話吸引：「我們都知道，被三振出局是最糟糕的，即使把球打出了界外，只要能打中投手的球便是好球，更別說是全壘打。」

沒錯吧！即使是比博．羅斯今天還活著，他一定也會告訴你這些觀念，而這正是你去參加棒球賽時必須知道的情況。

比博是個投手，在他的棒球生涯裡，曾創下單季二十九局沒有讓對手得分的紀錄，這項紀錄大約保存了四十三年都無人能及。

此外，在他球員生涯中還有一項無人能及的出局次數，雖然如此，但是人們只要一想到比博的時候，卻從來都沒有會想起他的這些出局紀錄，因為人們只記得他的全壘打的次數。

當大多數擔任投手的球員只選擇上壘就好的時候，比博卻在無數次的比賽中努力地擊出了全壘打。

他曾說：「我上場後唯一要做的事是擊出全壘打！」

因為，比博發現，統計學家們曾研究出一個數據，雖然只有百分之三的人可以達成他們的計劃目標，但是，為自己設定好目標的這百分之三的人們，比起那些沒有設定目標的人，成功達成目標的機率比後者高二倍。

比博對自己說：「我要成為『百分之三』俱樂部的一員，我要在棒球運動中創開新每一項嶄新的紀錄，這就是我的目標！」

一九二〇年，比博為洋基隊打出了更多的全壘打，這一年他也再次創造了新的全壘打紀錄，季賽結束後，洋基體育館也正式開張，並被命名為「比博之屋」。

全壘打是每位球員的重要目標，但是，大多數球員卻只想著上壘就好，只希望能不被三振出局就好，所以不管他們怎麼努力出擊，力量始終被自己囿限了，因爲他們只想：「能上壘就好！」

爲什麼比博可以擊出全壘打呢？爲什麼別人只想著上壘就好，只想著有擊中球就好？

原因不外乎對自己的信心不足，他們不相信自己有打全壘打的能力，更不敢輕易冒險，因爲他們只求這一球能擊出一壘打就好。如此保守的心態，當然讓他們在選球時充滿了矛盾與盲點，以爲可以上壘就好，未料最終卻是三振連連，甚至還成了板凳一族。

握在手中的球棒其實沒有多少選擇機會，過多的猶豫和退縮只會讓我們一再地誤判了投手的壞球，不僅如此，更會讓我們一再地錯失了擊中好球的機會。

人生就像一場球賽，勇於挑戰的人擊出全壘打的機會一定比別人多，執著實現目標的人才會綻放自己的光芒！

# 確實執行每天所安排的工作

只要目標清楚，只要每天的工作量分配得宜，即使工作艱難，
也始終會有充足的時間讓我們突破它。

別再怪罪自己不懂規劃，一天之內我們眞的可以做很事。
只要我們別再給自己怠惰的機會，別再給自己拖延的藉口，計劃表上逐字逐行寫下的目標，必定能讓它一一完成。

肯尼斯與書商剛剛簽訂了一紙合約，必須在半年內完成一本著作，只要作品順利完成，這將是他第一本出版的著作。

「我只有六個月的時間！」

肯尼斯告訴自己，他必須好好地規劃利用這六個月的時間，於是他在工作日誌上寫下了「創作」兩個字，而且是每一頁都重複地寫下了這兩個字。

六個月很快地就過去了，以為規劃很好的寫作進度還是沒有達成，作品無法如期交稿。出版社只好再給他三個月的時間，但是，三個月又過去了，肯尼斯的作品還是沒有完成。

對於肯尼斯的拖稿情況，出版商已經失去了耐性。他們給了肯尼斯最後一次機會：「我們再給您三個月的時間，但截稿那天，如果您還是無法如期交稿，那麼這張合約您可以自行撕毀。」

坐在桌前，肯尼斯發愁地想著：「這可怎麼辦？」

這天，肯尼斯到書店裡散心，碰巧遇見了卡爾·艾爾布雷斯特，他是撰寫《服務美國》一書而聲名大噪的作者。他耐心地聽著肯尼斯的困擾，更清楚地點出問題：「你必須把工作化整為零。」

他問肯尼斯：「你一共要寫多少頁？」

肯尼斯說：「一百八十頁。」

卡爾又問：「你還有多少時間可以利用？」

「九十天。」肯尼斯說。

卡爾笑著說：「那很簡單啊！你只要在每天的工作表上寫下『今天寫兩頁』就行了！」

肯尼斯果然照著卡爾的話去做，每天都很確實地完成了兩頁文稿，靈感豐沛的時候，甚至一天可以完成五頁。總之，不管情況如何，肯尼斯每天一定會完成兩頁草稿。

最後，他不僅準時交稿，甚至還提前了半個月交出成品。

一天之內我們可以做多少事情，或許很難預料，不過，只要我們能夠仔細安排好一天的工作量，並在規劃時間內確實執行，然後，我們便能從中發現計劃是否周詳，並確認即將實踐的未來目標是否能在既定的時間之內完成。

一如故事中的肯尼，從每天標示「創作」兩個字，到仔細寫下「今天寫兩頁」

的目標，我們也學到了計劃工作的技巧。

只要目標清楚，只要分配得宜，再多的工作量都一定能確實完成，即使工作艱難，也始終會有充足的時間突破它。這是時間安排的技巧，也是成就人生目標的重要秘訣。

你總是覺得時間不夠嗎？還是認爲，工作永遠做不完的原因是上司想故意刁難你？

別想那麼多，雖然我們一天的時間有限，但是只要規劃得宜，再多的工作我們也一定能處理完畢。每個人的能力未可預期，只要能確實按部就班行動，潛能自然會在你最緊急的時候現身以助你一臂之力。

# 凡事但求問心無愧

人生難免有錯，最重要的是，當錯誤發生時，我們應當如何面對與處置，如何從錯誤的教訓中，發現讓人成功的面向。

一個人最容易衡量自己的時間，正是獨處的時候，不論做怎樣的決定，我們始終要面對自己，更要對得起自己。

所以，我們應該走出別人眼中的自己，誠誠懇懇地面對自己，如此一來，便能做到問心無愧。

三十年前的某一天，在紐約貧民區的一間公立學校裡，奧尼爾夫人正在監考學生們做一個數學測驗。

但是，在閱卷時她卻發現，其中有十二位學生在某一題答案上，全部錯得一模一樣。發完考卷，奧尼爾夫人便要求這十二個男孩放學後留下來。但是，她並沒有斥責他們，也沒有提問任何問題，只在黑板上靜靜地寫下數學課本上那位偉大作者的座右銘與他的姓名：「在沒有人知道真相的情況下，一個人的所作所為，將顯示出他的品格。湯姆斯．麥考萊。」

奧尼爾夫人寫完後，沒有多說什麼，只要求他們：「請你們把這句話抄寫一百遍！」

此事發生三十年後，其中一位學生馬丁說出了自己的想法：「我不知其他人對這件事有什麼感想，但對我來說，這卻是我一生中最重要的教訓。」

馬丁憶及此事，抬起了頭，繼續說：「雖然，奧尼爾夫人把麥考萊的名言告訴我們已經是三十年前的事了，但直到今天，我仍認為那是我人生中最重要的準繩之一，那不是拿來衡量別人的標準，一切只為了提醒自己，以避免出錯。」

後來，查理聽見馬丁這麼說，也分享了自己的想法：「我也有相同的省悟，我們每天都必須做出許多個人決定，例如在街上撿到錢包時，你會怎麼處理？是私吞了？還是送交警察呢？無論決定如何，都不會有人知道，除了你之外。但是，不論你最後如何選擇，你始終要面對自己，也要對得起自己。問我，我會對自己說『問心無愧』，因為問心無愧是自信的重要基礎。」

人生很難得到完美，即使是聖人也會有犯錯的時候。

「在沒人知道眞相的情況下，一個人的所作所爲，將顯示出他的品格。」當故事中犯錯的學生們，靜靜地寫下這段話時，相信他們心裡的激動與羞愧感，必定更甚於被當面斥責。

因爲，在靜思的氣氛中，在凝結的空間中，學生們自我反省的力量會比平時來得更加強烈，也因爲老師保住了孩子們的自省尊嚴，在這極靜的反省過程中，他們反而更能看清自己的錯，並激發他們誠實面對未來的決心。

生活隨時都會有出錯的時候，我們也常因爲各種慾望或誘惑，而失去了正確的判斷，但最重要的是，當錯誤發生時，我們應當如何面對與處置，如何從錯誤的教訓中，發現讓自己成功的面向。

# 誠實才是最好的態度

如果多花點錢可培養一個人的健全人格，不要吝嗇，多花幾塊錢，讓孩子了解誠實的重要性，絕對值得的。

誠實與否，只在一念之間。雖然面對現實，在這一念之間經常要思考很久，但是，無論是講眞話，還是說謊，我們都要謹記：「唯有眞相才能長久，紙則永遠都包不住火。」

晴朗的假日，巴比帶著兩個兒子來到高爾夫球場運動。

當父子三人來到球場的售票處時，巴比先問售票員：「請問，票價是多少錢？」

售票員仔細地回答：「大人三塊，六歲以上的小朋友也要三塊。至於六歲以下，當然也包含正值六歲的小朋友，全都免費。」

巴比點點頭，接著說：「好，我這小兒子今年三歲，但大兒子已經七歲了，看來我得付六塊錢囉！」

售票員看著巴比，笑著說：「其實，你可以告訴我，你的大兒子剛滿六歲就好啊！因為，我一點也看不出他的年齡。」

但是，巴比卻很認真地搖了搖頭：「你說的沒錯，但是，我孩子知道那其中的不同。」

言教遠不如身教，就像故事中的巴比，用實際行動告訴孩子們什麼是「誠實的態度」，讓孩子們在潛移默化中，慢慢地培養是非對錯的判斷能力。

很多時候，一個小小的錯誤示範，孩子們便會立即吸收或模仿，如果沒有即時更正，這個偏差將會在孩子們的心中慢慢滋長。這些都是在教育下一代時，不得不注意的小地方。

一張票也許沒有多少錢，但是在培養一個人健全的生活態度價值上，這一張票絕對是無價的。

所以，巴比說：「孩子們知道其中的不同！」

因爲懂得其中的「不同」，巴比知道，孩子們正一步步地模仿著他的腳步，學習並成就他們的未來人生。

如果多花點錢可培養一個人的健全人格，千萬不要吝嗇，多花幾塊錢，讓孩子了解誠實的重要性，絕對值得的。

所以，能用「三塊錢」來換取孩子一生的誠實態度，其中的價值恐怕難以估算吧！

# 與其羨慕，不如全力以赴

不必畏怕艱難，更不必擔心成功的缺口太多，只要你不放棄，
上帝一定會協助你渡過重重難關。

當每個人緊盯著成功的成果時，經常忽略了反省，一旦遇到了挫折或阻礙時，自己是否只看見、羨慕別人眼前的平順，卻忘了他們也曾走過的顛簸？

抱怨越多的人則經常忽略了，上帝其實已經賜予自己不少的天賦機緣，只是自己沒善加利用。

歐洲有位著名的女高音，年僅三十歲便已經享譽全球，而上帝似乎也相當眷顧

她，不僅給了她一副好歌喉，更賜給了她一個人人羨慕的幸福家庭。

這天，她開了一場個人演唱會，入場券一如往常，早在一年前便已預售一空，而這個天籟之音的演唱會當然也不負眾望地完美結束。結束時，女高音和她的丈夫、兒子再次走上台，向所有來賓致意，觀眾一見她家人出現，即開始七嘴八舌地討論著。當然，在討論聲中不時傳來讚美和羨慕之音。

也有許多人開始細數女高音一生的成就，從小到大，從校園說到踏入歌劇界，每一個人無不努力地恭維他們心中的偶像。當然，對於她的有錢丈夫和活潑可愛的小男孩，他們也極盡所能地給予讚美和掌聲。

當人們熱烈討論的聲音漸歇之時，女高音忽然緩緩地說：「首先，要謝謝大家對我和我家人的支持和讚美，我很高興能與你們共享這份快樂。」

女高音回頭看了她的孩子一眼，微笑地說道：「不過，有件事我必須向你們坦白，你們看見的完美其實有個缺洞，那就是我的孩子。滿臉笑容的他其實是個不會說話的孩子，而且他還有個姐姐，是必須長年關在鐵窗裡的精神分裂症患者。」

女高音忽然說出這個「真相」，頓時間讓所有人紅了眼眶，這件事不只令人震驚，從他們困惑的表情也可看出，大家似乎很難接受這樣的事實。

女高音看出了他們的困惑，樂觀地安慰著大家：「其實，這是避免不了的，因為這代表上帝很公平，祂給我們每一個人的東西都很均勻，不會多給。」

成功的背後，是由各種殘破不堪的景象所堆砌而成，在所有成功的過程中，也都是由大小不一的石頭所堆積鋪成。

於是，我們看見了女高音的成功實景，正是一個又一個的殘缺拼湊而成。坐在觀衆席上的人們，也看見了一路辛苦走來的女高音，原來也曾走在滿佈石頭的崎嶇路上，更加明白：「成功者的背後必定會有不爲人知的辛苦付出！」

所以，不必用羨慕的眼光去讚美對方，因爲用敬重的眼神向成功者致意，更能讓成功者感受到眞正的肯定與讚揚。

女高音說著上帝的公平，也提醒著我們，不必畏怕眼前的艱難，更不必擔心成功的缺口太多，只要你不放棄，上帝一定會協助你渡過重重難關。當然，祂也一定會幫助你，將那些缺口一一縫補。

# 每一個啟發都是從經驗中累積

生活中，隨時讓腦袋轉一轉，我們便會看見藏在角落的創意，
也會看見商機處處。

想從容地通過滿佈石頭或荊棘的人生道路，其實並不困難，我們只需要在危險時，給自己一個開創性的想法，並用經驗所累積出來的堅韌去克服。

據說，「皮靴」的發明者是一位獵人，而他的啟發則是源於妻子對他的心疼。

原來，為了捕捉獵物，獵人天天都要上山入林，他那雙勤勞走動的腳，經常被路上的石頭或荊棘刺傷，每當他回到家裡時，雙腳幾乎都是傷口與鮮血。

已經為他的包裹傷口不下千百次的妻子，這天心疼地對他說：「如果能在你必經的道路上全都鋪上動物的皮，不知道有多好？」

獵人微笑地看著妻子，安慰她說：「怎麼可能弄到這麼多的皮草呢？而且鋪上的皮草還是會被破壞啊！更何況，所有的路都會有新的石頭和荊棘出現，到時候還不是一樣會被它們刺傷？」

獵人這麼安慰妻子，同時也從妻子的話中聽見了一個嶄新的啟發。

獵人想了很久，忽然激動地說：「嗯！因為腳皮比較薄，所以很容易被刺破。如果，我們在腳板下綁上一塊堅韌的動物皮，那麼無論石塊如何尖銳，棘刺多麼尖硬，雙腳都可以受到保護！」

當獵人的妻子聽到丈夫這麼說，立即剪了兩塊動物皮下來，細心地包裹他腳板。從此，獵人天天都會套上這雙特製的「皮靴」，因為，當他踩了一天的碎石路回來後，再也不見傷口，腳底板也比從前結實、舒服。

是啊，要讓我們的腳免於受石頭芒刺的傷害，真的不需要在所有石頭和芒刺上鋪上皮革，只需要給腳裹上合適的「皮靴」即可。

生活是由各種小地方組成，一塊獸皮能做什麼？一顆小石頭會有什麼作用？其實，只要我們多動點腦筋，懂得多多觀察，一塊獸皮便成了皮靴，無數顆小石頭也將慢慢地鋪成一條路。所以，看見路邊小花時，不妨觀察一下它身邊的小草，從這兩株植物的身上，或許你將看見，其中隱藏的不同生長需求。

生活中，隨時讓腦袋轉一轉，我們便會看見藏在角落的創意，也會看見商機處處。

's gonna change my world.

About 30 fire trucks along w
rushed to the scene to bring
control. There were no repo
and the exact cause of the
determined, they said.

PART 2

# 每個人心中
# 都有一盞明燈

自信與經驗是心燈的燈蕊與燈油，
只要這兩大素材充實飽滿，
那麼明燈便能永遠為我們點燃，
而且會燦亮無比地照耀著你我的人生。

# 真正的財富在我們的心中

路是靠我們的雙腳所累積出來的，沒有一個又一個踏實的足跡，我們到不了成功的山峰。

心中相信自己有「才」，那麼就沒有人能打敗我們，跌跤又如何呢？就是別跌坐在地上賴皮不起。

快站起來吧！誰說口袋空空的人就找不到亮麗人生？其實，我們擁有的越少，越能感受到擁有時的快樂和幸福啊！

有個商人讓原本宣告破產的事業又起死回生了，沒有人知道他怎麼再站起來的，朋友們更好奇，在這麼沉重的壓力下，他怎麼能臨危不懼，重振旗鼓，再造如此輝煌的成績。

於是，一些困惑的友朋們便問他：「你是怎麼走過這個難關的？」

他微笑著說：「因為我有一筆十分可觀的財產！」

朋友們一聽，吃驚地問：「我們怎麼沒發現，那是多少？」

只見他側著頭，接著說：「不過，這筆財產又不能用數字來計算。」

「不能用數字來計算」的答案，讓朋友們更加好奇了，他們一再地要求他說出這個秘密。

最後，他只好一五一十地回答。原來，宣告破產的那天，他已經是走投無路了，原本想一死了之，但是就在這個時候，他的妻子對他說：「別擔心，我在你生意好的時候存了一筆錢，我想，這筆錢足夠你另起爐灶，而且連兒子的學費都不成問題的。」

接著，妻子還轉身對兒子說：「孩子，爸爸雖然生意上遇到了困難，我們的生活從此會辛苦一些，但是你別擔心，媽媽存下來的學費絕對不成問題。」

聽見妻子還有存款，商人心裡的壓力少了許多，心情也更加踏實了一些，於是決心再振作起來。雖然他想向妻子拿錢，但是一想到兒子上大學的學費，最後便決定：「再想辦法，一定會有辦法的！」於是，他在這樣的信心支持下重新站起來了，渡過難關已過。

後來他才知道，孝順的兒子也認為他比較需要錢，竟利用自己課餘時間出外打工，並非常用功地爭取到一次又一次的獎助學金，最後也順利地拿到大學文憑。

秘密說出來了，但是朋友們仍然吃驚地盯著他看。

忽然，這位商人笑了一聲：「呵！你們一定沒想到，我和兒子都十分珍視那筆錢，雖然我們一毛錢也沒拿到，而且這麼多年了，妻子再也沒說起。直到前幾天，我和兒子好奇地問到那筆錢，你們知道我妻子怎麼說嗎？」

朋友們很自然地搖搖頭，這位商人大笑了一聲後說：「她說：『什麼，我從來都沒有存過什麼私房錢啊！』我和兒子當時都楞住了，但幾乎在同一時間，都明白了妻子的用意。」

對許多人來說，實體的金錢才是眞正的財富，然而看見這位商人和兒子，因爲不願獨佔太太的私房錢所付出的努力，我們再次地見證了，自信與勤奮是人生的最重要資產，金錢財富則囊括在其中，少了前著，想擁有後者的機會根本是零。

一如故事中的商人，如果他淨想著利用妻子的存款，一旦眞相揭發，他便要重回艱困的險境中，再次受困在龐大的生活壓力下。是否能再站起來，恐怕又是個未知數了。

換個角度深思，其實這也說明了，無論我們擁有了多少好運氣或是機會，最後能否成功的掌控權，仍然操在我們手中，如果一心只想「靠運氣」，不肯用心，不肯努力，那麼再好的機會都要從我們的指縫中溜走。

所以，心中應有的念頭，不該是我們有多少資源或財富可以運用，而是我們該怎麼付出才能獲得更多。

路是靠我們的雙腳累積出來的，沒有一個又一個踏實的足跡，永遠到不了成功的山峰。

# 每個人心中都有一盞明燈

自信與經驗是心燈的燈蕊與燈油，只要這兩大素材充實飽滿，那麼明燈便能永遠為我們點燃，而且會燦亮無比地照耀著你我的人生。

每個人都在尋找希望之光，有人等待著別人在岸邊點燃信號燈，也有人期望著天空再現的陽光。

然而，那麼多的期待，有一盞燈卻是我們經常忽略的，那正是藏在你我心中的燈。

遠方有艘小小的捕蟹船在河面上擺動，船上有一名老船長和他的兒子。他們經常在這個午夜時分，父子兩人挑著桅竿，輕搖著這艘小船來這裡捕蟹。

天上的星光好美，一輪明月更是圓潤地在天空照耀著，但是如此美景卻暗藏著一絲遺憾，因為，老船長的雙眼已經失明了。

雖然雙目已經失明，但是他仍然堅持要陪著兒子一同出海捕蟹，不論誰勸他，他都堅持：「我一定要出海！」

忽然，一陣狂風吹來了一大片的陰雲，明月被遮蓋了，天地全暗了下來，只有船上的一盞小燈在那裡擺動。

「嘩！」大雨突然狂落，風浪也越來越大了。

猛地傳來「啪」的一聲，只見船長的兒子驚慌地叫喊著：「爸爸，我看不清楚方向了，怎麼辦？」

老船長從船艙裡跌跌撞撞地爬了出來，接著竟一把推開了兒子，自己親自掌起了船舵。

只見船身劈開了風浪，並慢慢地朝著碼頭邊的燈火靠近。兒子見狀，吃驚地看著父親，忍不住問道：「爸爸，您怎麼能辨識出方向呢？」

老船長悠悠地說：「因為我心裡裝了一盞燈啊！」

你看見了嗎？當老船長親自掌舵時，同時也有一道光芒在他身上綻放了出來，這正是老船長所說的「心燈」啊！

你的希望之燈長什麼樣？是深夜裡的北極星光，還是清晨的朝陽，抑或是左岸的燈塔？還是你也像老船長一般，知道生活中最可靠的明燈是心中的那盞燈？

自信與經驗是心燈的燈蕊與燈油，只要這兩大素材充實飽滿，那麼心中的明燈便能永遠爲我們點燃，而且這盞會燦亮無比地照耀著你我的人生。

生活中，方向燈滅了，我們便得靠著自己的方向感找出路，前進的路有了阻礙，我們就要靠著自己的自信心。推開阻擋，繼續前進我們精采的人生。

# 既然自然是無限的，那麼你也是

不管我們遇到了多少困難，都應該像歷經狂風暴雨後的大地，慢慢地修復自己，重新綻放生命的美麗與希望。

窗外的大自然那樣美麗、無限，身爲大自然一部份的我們，不也和大自然一樣，擁有著相同的美麗與無限呢？

大自然能，我們當然也能。

因爲我們也是大自然的一部份，也擁有著極強的自我修復的能力，那是萬物的生命本能。

那年，美國陷入了經濟恐慌的危機中，有位富翁也不敵這個危機，多年辛苦累積出來的財富，瀕臨破產的危機。

看著自己多年累積的心血，轉眼就要付諸流水，滿心憤恨的富翁，對於老天爺是否能再給他另一個創造財富的機會，心中充滿了疑惑與不相信。

「老天爺啊，您為什麼要這樣捉弄我？這些年來，我腳踏實地走著，付出了那麼多，為什麼您要這樣不公平？」有一天清晨，富翁站在自建的別墅頂樓上，絕望地喊叫著。

富翁絕望地看著眼前的景色，深情地看著這個世界一眼，心中出現了一個放棄自己的念頭。

突然，有隻小鳥飛過了他的眼前，忽地又停在別墅的屋頂上，接著還輕快地跳躍著、歌唱著，不久，牠又吱吱喳喳了幾聲，便愉快地飛走了。就在鳥兒飛走的那一刻，大地微微地被點亮了……

太陽探了出頭，霞光灑落大地，眼前的一切令富翁有些動容，只見他眼眶裡泛著淚光，鼻頭也有些啜泣的聲音。

「這個世界真的好美！」富翁忍不住嘆息著。

從此，富翁每天都很早就起床了，他決定從大自然的感動中找尋希望。與此同時，他也慢慢地走出了陰霾，重新振作，當經濟危機過去之後，世界又再次地當握在他手中。

無論外在環境如何，不管我們遇到了多少困難，都應該像歷經狂風暴雨後的大地，慢慢地修復自己，慢慢地讓新芽出生，重新綻放生命的美麗與希望。

看著太陽重展笑顏，看見無憂無慮的小鳥兒在空中高歌，我們不也和富翁一塊兒上了一堂自然課，關於生命的孕育、成長與希望未來？

一點小挫折便輕易折損難得的生命，實在太不值得了。不要爲了一根小小的魚刺而放棄品嚐鮮魚的好滋味，生活在這個世界，什麼事都有可能會發生，當然也可以讓各種奇蹟實現。實踐權就在我們身上，只要你肯踏出腳步，夢想就一定會實現。

# 把最壞的日子熬過去

成功人生猶如在黑暗中跌跌撞撞地找尋出口的光芒，只要我們能忍耐、熬過，最終我們必定能挖出滿山滿谷的寶藏。

生活在山區的農夫天還未亮就上山除草，風雨來臨時，他們都會著急地上山，在狂風驟雨中辛苦護守他們的果園。

因爲他們知道，一旦最壞的日子熬過去，便能品嚐到前所未有的甘甜滋味。

人生，不正也是如此？

梵谷在成為畫家之前，曾經擔任採礦區的牧師。

有一回，他和工人們一起深入礦井中了解礦區裡的環境。當升降機緩緩地將他們垂掛入礦井中時，梵谷突然感一陣暈眩，心臟更噗通噗通地急促跳著。

面對這個未知的黑暗地區，再加上耳邊的鐵索軋軋作響，以及載人的木箱猛力地左右搖晃，梵谷竟陷入一種無法言喻的恐懼中。

梵谷看著身邊默不出聲的朋友們，心裡納悶地想：「這個機器將帶他們到深不見底的黑洞中，那就像是走進地獄的感覺，為什麼他們不害怕？」

雖然心中充滿了好奇，但梵谷沒有立即將心中的問號提出，一直等到離開了黑暗深淵，這才向一位神態自若的老工人請教。

「請問，你們是不是已經習慣了這個恐怖的地方，所以一點也不害怕？」梵谷滿臉餘悸猶存地問著。

老工人笑著看著這個年輕的神父，回答說：「習慣？沒有啊，在這樣無法預知的深谷，怎麼可能習慣？我們只不過是學會了『克制恐懼』啊！」

聽見老工人認命地說出「克制恐懼」幾個字，我們似乎也看見了努力求生的生命之光，隱隱地在黑暗的深谷中閃爍著。

老人家們時常對我們說：「牙關一咬，辛苦日子便能熬過了。」

只是，涉世未深的人卻經常咬著牙關哭鬧：「還是好辛苦啊！」

然後，老人們便會鼓勵著我們：「我們活了大半輩子，最後才嚐到『苦盡甘來』的滋味啊！那個滋味眞的相當美好，難道你們不想嚐嚐看嗎？」

不要剛起步就嚷嚷著「放棄」，成功人生一開始確實是這樣的，猶如在黑暗中跌跌撞撞地找尋出口的光芒。就像故事中的老工人一般，再多的害怕，只要我們能忍耐、熬過，最終我們必定能挖出滿山滿谷的寶藏。

# 逆境，是成功的另一種寫法

成功從來都不會拒人於千里之外，只要我們願意用微笑面對，能用積極態度迎接，那麼成功隨時都會出現在我們的身邊。

大文豪莎士比亞曾經說：「本來看似無望的事情，只要你大膽嘗試，往往能成功。」

的確，「逆境」是成功的另一種寫法。

成功的最佳捷徑，並非是充滿希望的順境，而是讓自己幾乎絕望的逆境，因爲，逆境通常是打開成功大道的終極密碼。

「成功機會很難找，但失敗經驗更難得，失敗爲成功之母！」這是所有成功者的共同體會與結論。

所以，不要再爲眼前一時的挫敗感到憤憤不平，也不要再對昨天的失誤而感到懊悔，因爲這些寶貴的經驗，都是指引你我到達成功的最佳輔導員。

卓別林年少的時候，曾渴望找到一份高薪的工作，所以還在校園就學的時候，便曾迫不急待地到各大職場上求職。

個子矮小的他其實有些自卑，但憑藉著心中對生活的熱情與信念，以及肯信自己必定有番作為的自信，他勇敢地敲開了一扇又一扇嚴肅的大門，更在走出大門後，一次又一次地鼓勵自己：「沒關係，下一次一定成功！」

只是，成功似乎和他還有段不小的距離，因為他最後都被拒絕了。

「沒關係，還有下一次！」卓別林仍然這麼告訴自己。

每當卓別林回想這段求職過程，總是微笑以對：「無論如何，這個過程讓我獲得了許多東西，其中包括了追求的勇氣，與更加熱情的生活態度！」

卓別林還經常將求職過程中出醜的經過，拿出來自我解嘲，仔細體驗每一次受挫經過的收穫，豐富的生活體會最後促成了他幽默面對人生的態度。

沒錯，這就是電影幽默大師卓別林！這位開創電影新紀元的人物，從來都相信：「我一定會有機會，一定會成功！」

因爲秉持著這樣的信念，讓大師對生活充滿了積極熱情的態度，一次次的失敗也成了他集結成功的重要資源。

我們都想追求成功的人生，但是，成功似乎又經常讓大多數人覺得那麼遙不可及！

其實，成功從來都不會拒人於千里之外，它是個十分喜歡與人親近的好伙伴。只要我們願意像卓別林一樣鼓舞自己，願意用微笑面對，能用積極態度迎接，那麼成功隨時都會出現在我們的身邊。

法國作家羅曼．羅蘭曾經寫道：「只要把抱怨逆境的心情，化為前進的力量，才是成功的保證。」

其實，成功的秘訣，就是身處逆境也永不改變既定目的，就是懂得如何在逆境，開闢出一條通往成功的最佳捷徑。

你還在害怕什麼？又爲了什麼讓眉頭深鎖，遲疑不決呢？

笑一笑吧！然後再跟卓別林大師一塊兒給自己力量：「沒關係，下一次一定成功！」

然後，你就會看見成功的光芒正緩緩地朝你靠近！

# 越微不足道的事越重要

生活是由無數小事所結成，生命則是由無數生活點滴所結成，越多微不足道事越能結成無價人生。

萬丈高樓平地起，不要輕忽小小紅磚塊的力量與價值，少它們的堅實堆砌，高樓隨時都要坍塌。

至於人生價值的高低，不在你實踐了多麼宏偉的大事，而是我們的生命時間是否每一分每一秒都未虛度，在這分分秒秒之中，我們眞正擁有了多少？

里約是個非常會反省的人，而他也在這一次又一次的反省中，重新開啟自己的新生活。

有一天，他忽然省悟到：「咦？從小到今天，我所做過的事怎麼都是些微不足道的事？」

「唉，生命這樣短暫，我竟然虛度了這樣多的寶貴光陰，真是心痛！」里約自責地想著。

「好！從今天起，我一定要用剩下的生命時光，好好地完成一件最有價值的事！」里約站了起來，大聲地期許自己。

自此之後，又過了好多年，里約一直都在尋找一件足以讓他感到此生不虛度的大業。然而，他找了這麼多年卻始終都未曾遇見，最終什麼事也沒有做成，連尋常的微不足道事也沒有完成一件，更別提有價值的事了。

終於，有一天他又反省自己了，這次他則領悟到：「我以後再也不可以這樣無所事事地生活了！」

十分發人深省的一則故事，故事簡短，可是蘊含其中的生活道理卻十分深遠。

試想，對你而言，怎麼樣算是微不足道的事，又要怎麼樣才能擁有價值非凡的人生？

「你認爲無價便是無價！」這正是故事中想表達的寓意。

在「微不足道」與「轟轟烈烈」的生活中，生命要追求的本該是滿足、知足，一旦心有「不足」，即使意義非凡的付出都要變得不值一提。就像對有些人來說，搬開路上的小石頭便已爲他的人生增添無限光芒，然而，對有些人來說，這根本是無聊小事，更無須多事。那對你來說呢？

不要被「微不足道」囿限，那是大多數謙卑人的客氣話。事實上在他們的心中是這樣認爲的：「你們大可不必在意我的付出，因爲我知道，自己從中擁有了多少！」

生活是由無數小事結成，生命則是由無數生活點滴結成，越多微不足道事越能結成無價人生，這是聰明人深省後的認知，也是故事中會反省的里約最後的醒悟。

# 別忽略了生活中的小錯誤

大錯尚未發生前立即修補，並讓這些修正的小動作成為生活守則中的一部份，那麼「小坑洞」變「大坑洞」的惡夢就不會發生了。

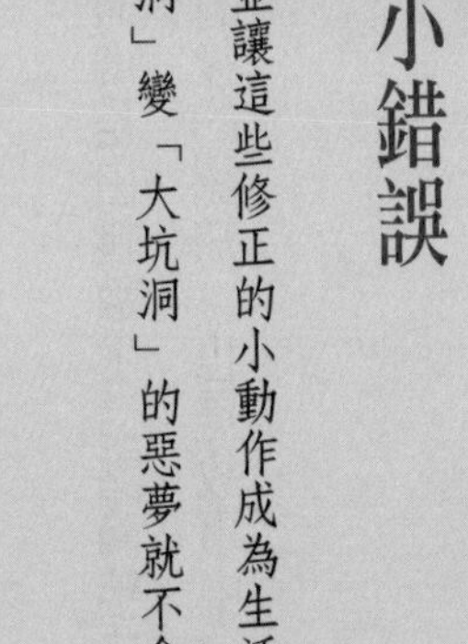

若不能即時糾正平時的小錯誤，日後會出現什麼樣的嚴重過失，任誰也無法預料。

所以，小錯誤很多時候不只是個小錯誤，那會因爲人們的漫不經心與輕忽，最後演變成爲無法彌補的大過。

每當大雪開始融解，一輛輛剷雪車便會出現美國的大小街道上，街道上也會出現許多工人們緊急地修補路面。

剛到美國的喬雅看見這個情景，不解地問其中一位工人：「請問，地面覆蓋了那麼厚的雪，車子也很少行駛，為什麼路面還會破了這麼一個大洞？」

修路工人笑著回答說：「其實，這不是車子造成的，那是冰雪侵蝕的結果。」

喬雅一聽更是不解，又問：「冰雪侵蝕的？你們的工程那樣紮實，冰雪怎麼還能將路面損壞呢？」

工人笑著說：「你一定是初到有雪的地方吧！」接著說：「你看！」工人指著遠方的山頭。

喬雅跟著指示望去，工人解說著：「你如果有時間，可以到山上去看看，那裡有許多比這個道路還堅實的岩石，如今都因為冰雪的侵蝕而崩裂了。」

「他說的沒錯，所以，你不要以為雪水沒什麼，只要有一點點小縫隙讓它滲入，不管是路面還是岩石，都要有被破壞的準備了。因為當雪水結冰時體積會慢慢地膨脹，當然也會慢慢地撐開這些小縫隙，甚至還會推移那些碎石。」另一位工人跟著說。

喬雅請教的那個工人點了點頭說：「約翰說的沒錯，總之，無論是滲透、侵蝕，還是瓦解與崩壞，全都是因緣於那個小小的裂縫，雖然防不勝防，但求盡力做到最好。」

根基沒有打好，日後恐怕要以加倍的力量重新修補。

就像故事中的「小縫隙」，如果工人們沒有仔細修補完善，那麼下一次不僅會面臨更大的「裂縫」，更要以加倍的時間和精力去修補。

回到我們的生活中，仔細想想我們曾經犯過的小錯誤，你是否也經常忽略了那些錯誤的小動作，因爲它們微不足道而一再輕忽，最終卻鑄成大錯呢？

看似複雜的生活細節，其實很簡單，只要我們在大錯尙未發生前立即修補，並讓這些修正的小動作成爲生活守則中的一部份，那麼「小坑洞」變「大坑洞」的惡夢就不會發生了。

# 在該捨棄的時候勇敢捨棄

在筆直的夢想道路上轉個彎，在該捨棄的時候勇敢捨棄，我們反而從新的道路上，找到可以更輕易抵達夢想的新路。

並不是所有平坦直行的道路都一定會通往成功，很多時候，這個筆直是一種假象。因爲道路太直，我們很容易忽略方向的正確性，容易忽略了眞正通往出口的轉角。

適時轉個彎，找到正確方向，我們的人生才能開創新局，很多成功人士的人生道路，都是這樣重新開始的。

有個非常熱愛詩歌的英國青年，一直沒沒無聞，但他發誓要成為一名最偉大的詩人。這天，他在花園裡散步，一陣強風忽然捲到了樹梢上。

「沙……沙……」

詩人聽見有東西順著樹身掉落了下來，走進一看，竟是一個鳥窩被吹落到了地上。他抬頭看了看樹上的鳥兒，沒了巢穴的鳥兒看起來有些著急。

這個情景讓感性的詩人有些難過，看著地上的鳥窩，感傷地沉思著：「該怎麼辦呢？」

就在他想得出神時，忽然樹梢上又響起了輕脆鳥鳴，詩人抬頭一看，不禁驚喜地叫道：「哇！牠們在建築另一個新窩了。」

詩人十分開心，只見他原本糾皺的眉心已經展開了，剎那間，他的情緒竟開始沸騰：「是的，這就是生命的意義，這是珍愛生命的另一個方法。學會放棄，然後重建新『窩』，我不能被已經掉落、毀壞的窩所困啊！」

有了全新領悟的年輕人，終於走出了過往的執迷。他重新投入生活，開展全新的人生。幾年後，年輕人從一個沒沒無聞的小詩人，一躍成為人人皆知的成功企業家，他正是英國成功協會的主席——保羅・麥耶！轉一個彎，再造一個新窩，這就像「舊的不去，新的不來」的自我慰勉話語。

其實，勇往直前未必是好，一味地陷在掉落的舊窩身上，我們最後只能站在樹梢上，無處安睡。

這就像當初一心想當詩人的保羅，一味地困在詩歌世界裡，卻一直都找不到成就自己的機會一樣，一味地勇往直前，反而帶他走進了死胡同中。

心中有夢原本十分值得鼓勵，但是陷在一事無成的夢想裡，最後如果是一無所有，只是徒讓人生虛度。

當夢想的影像越來越模糊時，就別再深陷其中了，在筆直的夢想道路上轉個彎吧！

該捨棄的時候就勇敢捨棄，那麼我們不僅能切斷不切實際的夢想，也許暫時擱置這個難以達成的夢想之後，反而從新的道路上，找到可以更輕易抵達夢想的新路。

# 只要抱持希望，就有出發的力量

每個人都能得到上帝給予的寶貴生命，只要你願意相信自己，就能擁有信念和目標，幫助你重新整裝，再出發。

科學家愛迪生曾經說過：「無論何時，不管怎樣，我都絕不允許自己有一點點灰心喪氣。」

正因爲他不曾放棄希望，才有後來的成就。

二〇〇三年的聖誕節，湯姆在塞爾西孤兒院寫了一封信給上帝。

信裡的內容說：「上帝您好！您知道我是一個聽話的孩子，可是您昨天送給哈里一個爸爸、一個媽媽，卻連一個姨媽都不給我，這太不公平了。」

這封寫著「上帝親啟」的信，最後被轉送到神學博士摩羅．邦尼先生那兒，他是《基督教科學箴言報》專門負責替上帝回信的特約編輯。

摩羅．邦尼博士接到湯姆的信，馬上就明白狀況：哈里被人領養了，而湯姆依舊被留在孤兒院裡。

如何答覆湯姆呢？

摩羅．邦尼博士知道，最直接了當的辦法，就是找一戶願意領養孩子的家庭，秘密辦理領養手續，待一切都辦好之後，再回信給湯姆：「湯姆，我的孩子！我真有點疏忽大意了，像你這樣一個好孩子，是不應該沒有爸爸媽媽的。明天我一定為你送去一對父母。」

對於一個孤兒，上帝真的會這樣答覆嗎？

摩羅．邦尼博士心裡非常矛盾。他想，對於一個從小失去依靠的人，要想讓他知道上帝是公平的，絕不能用這種辦法。

經過深思熟慮，他給湯姆回了這樣一封信：

「親愛的湯姆，我不期望你現在就能讀懂這封信，不過我還是想現在就告訴你，上帝永遠是公平的。假若你認為我沒有送給你爸爸媽媽，就是我的不公，這實在讓我感到遺憾。

我想告訴你的是，我的公平在於免費供應三樣東西給人們，那就是生命、信念和目標。

你知道嗎，每一個人的生命都是免費得到的，我沒有讓任何一個人在生前為他的生命支付過一分錢。

信念和目標與生命一樣，也是免費提供的。

不論你生活在人間的哪一個角落，不論你是王子還是窮人，只要想擁有這三樣東西，隨時能讓你據為己有。

孩子，讓生命、信念和目標成為免費的東西，就是我給人間最大的公平，也是我身為上帝的最大智慧。但願有一天，你能理解。」

摩羅．邦尼博士知道，幫湯姆找一對父母並不是解決問題的辦法。因爲，天底下有多少個像湯姆一樣的孩子，這些孩子又擁有多少個願望，不可能每個都一一實現。

對於這些無法得到答案的脆弱心靈，摩羅．邦尼博士選擇了最佳的辦法，讓他們了解生命的眞義。

每個人都能得到上帝給予的寶貴生命，只要你願意相信自己，就能夠擁有信念和目標。

泰戈爾也勉勵人們：「危險、懷疑和否定之海，圍繞著人們心中那座小小的島嶼，信念則鞭策人，勇敢面對未知的前途。」

因此，不管遇到多少壞事，只要不忘自己的信念和目標，必然有足夠的本錢幫助你重新整裝，再出發。

s gonna change my world.

About 30 fire trucks along w
rushed to the scene to bring
control. There were no repo
and the exact cause of the
determined, they said.

PART 3

# 讓自己的思考轉個彎

讓思考轉個彎吧！

因為那是解決問題的最好方法，

何況生活原本就充滿了彎道，

而這些彎道都是啟發創意的最好機會。

# 讓自己的思考轉個彎

讓思考轉個彎吧！因為那是解決問題的最好方法，何況生活原本就充滿了彎道，而這些彎道都是啟發創意的最好機會。

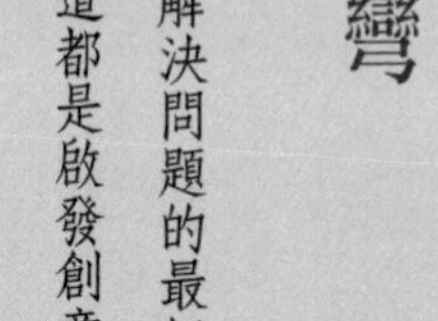

找不到解決辦法嗎？那麼你是怎麼找尋答案的呢？是直盯著問題，並套用著預定的公式拆解，還是習慣應用不同的公式演算，並從中找出最簡單的計算過程呢？

解題的辦法就在我們的手中，到底我們要轉幾個彎，始終得靠我們自己做出最正確的決定。

瑪麗為了鼓勵兒子，更加積極地學習鋼琴，這天她帶著兒子去欣賞裴德羅夫斯基的音樂會。

走進了表演廳，當瑪麗母子倆坐定了位子後，瑪麗發現有位老朋友，正巧坐在前方的聽眾席中，於是叮嚀兒子幾句話後，便走到前方與老朋友閒話家常。

不過，再多的叮嚀也嚇阻不了小朋友的好奇心，只見瑪麗一離開座位，她的孩子也跟著離開座位，四處去探索音樂廳裡的各種事物。

這時，他發現音樂廳的左側，有一扇寫著「不准入內」的門，好奇的他心想：「為什麼不准入內呢？」

忽然，明燈轉暗，音樂會就要開始了，瑪麗立即回到自己的座位上，同時她也發現：「孩子怎麼不見了？」

發現兒子不見的瑪麗，正準備站起來尋找兒子時，現場的照明忽然全部關了，只留下一道聚光燈，直射舞台的中央。

瑪麗心中雖然慌張，但是為了避免影響到別人，她只好先坐了下來。

舞台上的布幔慢慢地被拉起，瑪麗仍緊張地四處張望。

突然，瑪麗看見自己的兒子，竟然坐在舞台上的鋼琴前面，甚至還天真無邪地演奏著……

就在這個時候，鋼琴大師也上場了，他快步走向琴台，只見他湊在孩子的耳畔，低語說：「很好，繼續演奏吧！」

接下來，裴德羅夫斯基坐在孩子的身邊，並伸出左手，在鍵盤輕輕地補入低音和弦，接著他又伸出右臂，繞到孩子的另一側補入一段流暢弦音。

這一幕令瑪麗感動不已，這個畫面也深深地觸動了現場的每一位觀眾。

這對老樂師和新樂手的組合，讓原本尷尬的場面，頓時轉變為一則絕妙且富有創意的小插曲。

閉上眼睛想像，你是不是也看見了一幅動人心扉的畫面呢？

裴德羅夫斯基的一個小動作，不僅充分地展現出大師的音樂巧思，更讓人看見他對於人事物的包容。

因爲音樂家的一個包容轉念，不僅讓突發狀況轉變成爲一個意外驚喜，更輕鬆地化解了其中尷尬，最重要的是，我們還看見了孩子沉浸在音樂中的快樂。

反觀我們自己，如果遇見相同的情況時，你會怎麼處理？是怒氣沖沖地將孩子趕下台，還是也會像裴德羅夫斯基一般，快樂地與孩子合奏呢？

讓思考轉個彎吧！因爲那是解決問題的最好方法，何況生活原本就充滿了彎道，而這些彎道都是啓發創意的最好機會。

法國思想家拉羅什富科說過：「不論遭遇多麼不幸的事，智者總會從中獲得一些利益，不論遇到多麼幸運的事，愚者還是感到無限悲傷。」

無論外在的環境如何惡劣，無論眼前的際遇如何不堪，只要你願意改變想法和做法，用積極樂觀的態度面對現實，就能讓事情往美好的方向發展。

# 有耐心的人，才能獲得最後勝利

沒有耐心，只想以最快的速度達到目的，結果不但會一無所得，還白白浪費了自己的能力。

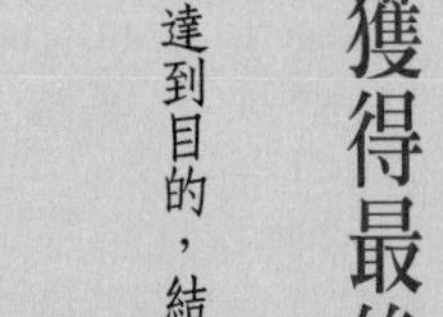

每個人都知道耐心的重要，但卻不是每個人都做得到。因爲，現實生活講求的是效率和快速，所以眞正有耐心的人，也許還會被嘲笑也說不定。

第二次世界大戰前，英國首相邱吉爾和德國的獨裁者希特勒秘密見面，兩個人在花園裡邊走邊談。

來到水池邊時，邱吉爾突然提議兩個人來打賭，看誰能不用釣具就將水池中的魚抓起來。

希特勒心想這還不容易，馬上從腰間拔出手槍朝池中的魚連射數槍，結果，雖然激起了一大片水花，但是一條魚都沒有射中。

希特勒無奈的對邱吉爾說：「我放棄了，看你的吧！」

只見邱吉爾不慌不忙從口袋裡掏出一把小湯匙，開始一匙一匙的把水池裡的水舀出來。

希特勒看了，相當不以為然，在旁邊大喊：「你這樣一匙一匙的舀，要等到什麼時候水才會被舀光啊！」

邱吉爾笑著回答希特勒：「這個方法雖然慢了一點，但我保證，最後的勝利一定是屬於我的。」

有一句話語：「欲速則不達」，說明耐心在生活裡的重要。

可是，在步調緊湊的現實生活裡，要事事都耐著性子來處理的話，卻也不是一件容易的事。

不過，耐心的重要性還是不容忽視，因爲，並不是每一件事都可以依照自己的心意進行，學會耐心等待，一來可以減少自己的得失心，二來在這段等待的過程中，也許能出現更好的機會也不一定。

總而言之，如果像希特勒般沒有耐心，只想以最快的速度達到目的，結果不但會一無所得，還白白浪費了自己的能力。

# 不要讓失敗變成常態

應該害怕的，是不敢面對現實的鴕鳥心態，一旦讓這種心態坐大，就等於讓失敗成為一種常態。

勇敢面對失敗，是說起來容易，做起來卻很難的一件事。畢竟，選擇逃避現實來保護自己是人類的天性。

但是，如果你想成爲一個成功的人，那你就不能有逃避的心態出現。因爲，只有扛起失敗的責任，才能讓失敗轉變爲成功的動力。下面的故事，就是一個很好的例子。

有一個十一歲的男孩，有天下午在自己家的後院踢足球的時候，因為用力過猛，不小心把球踢進了鄰居的院子，而且這一踢，還把鄰居家窗戶的玻璃打破了。鄰居非常生氣，要男孩負責賠償修理玻璃的費用十二美元。在當時，十二美元不是一筆小數目，因為一隻雞也不過值一美元而已，十二美元，足足可以買十二隻雞了！

這個闖了大禍的男孩不得已，最後只好硬著頭皮向父親認錯，請父親幫他想辦法。父親要男孩對自己的行為負責，男孩為難的對父親說：「可是，我哪裡有這麼多錢賠給鄰居呢？」

父親拿出十二美元給男孩，對他說：「我可以先把錢借給你，但是，有一個條件，那就是，你必須在一年之後就要還給我。」

男孩答應了父親的條件，於是開始到處打工，只要他做得到的事，任何工作都不放過。就這樣，還不到一年的時間，男孩就存夠了對他來說是「天文數字」的十二美元，還清父親借給他的錢。

這個男孩，就是日後成為美國總統的雷根。

雷根在回憶錄中提到這件事時說，如果父親沒在當時用勞力讓他記住負責任的重要，那他就不會有日後這樣的成就。

要讓失敗產生意義，失敗才能成爲成功的鋪路石。勇於負責，就是讓失敗產生意義的不二法門，因爲只有在負責任的過程中，才能找出失敗的原因，避免下一次再重蹈覆轍。如此一來，成功自然會在這一次次吸取經驗的過程中出現。

因此，不要害怕生命當中的各種失敗，只要勇於面對，失敗就只是在爲成功做準備而已。

應該害怕的，是不敢面對現實的鴕鳥心態，一旦讓這種心態坐大，就等於讓失敗成爲一種常態。

這樣的話，成功又怎麼會出現？自然是漸行漸遠了。

# 充實自我，才能超越對手

想要超越對手，與其想盡辦法打擊他，還不如把這些時間拿來充實自己，這才是競爭的良性意義。

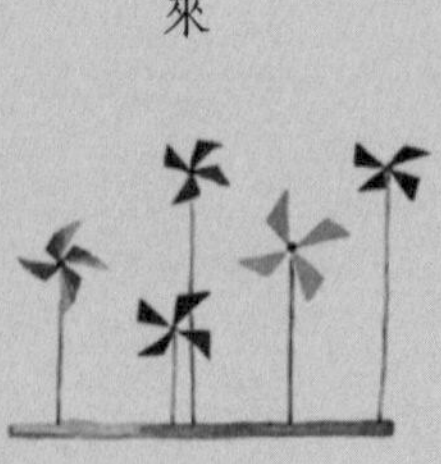

人的天賦有高低優劣之分，雖然是不可否認的，但是，絕大部分的成就還是要靠自己後天的努力。

如果，天賦高低可以決定一個人成功與否的話，這個世界上，就不會有這麼多令人讚歎的成功奇蹟存在了。

正因爲成功要靠自己的努力，所以你該比較的對象，其實是你自己，而不是心懷嫉妒地羨慕別人。

別人的表現，不管再怎麼優異，對你而言只是提供指標性的參考作用而已，只有不斷充實自己，才能超越對手。

有一個年輕的拳擊手，在接受訓練的時候，相當嫉妒另一個選手的表現比自己優異，出賽的次數也比自己多。

為了趕上對手，這個拳擊手便在比賽的時候作弊，想藉此拉進自己和對手的距離。可惜，事與願違，拳擊手的計策不但沒有得逞，還因此被對方打得更慘。

比賽結束之後，拳擊手垂頭喪氣的躲到角落。教練看到他沮喪懊惱的樣子，就把他叫到自己的辦公室。

教練問拳擊手：「你為什麼一直垂頭喪氣的？」

拳擊手低著頭，一臉洩氣地回答：「因為，我即使作弊還是贏不了對方。」接著又說：「也許，我根本不適合當個拳擊手。」

教練聽完拳擊手的話，從椅子上站起來，拿了一支粉筆，在地下畫了一條長長的線。

教練問他：「你有沒有辦法把這條線弄短？」

拳擊手端詳了一陣，用粉筆把線截成好幾段，教練看了搖搖頭，接著又畫了一條線，這條線的長度超過第一條。

教練對他說：「你看，原來那條線怎麼了？」

拳擊手回答：「變短了。」

教練點點頭，對他說：「加長你自己線的長度，比切斷對手的線要容易得多。」

想要超越對手，與其想盡辦法打擊他，還不如把這些時間拿來充實自己，這才是競爭的良性意義。

此外，我們無法掌握別人的一舉一動，在這個世界上，我們唯一能掌握的，其實只有自己。

只要跟昨天的自己相比，今天的自己進步，而你又能確定明天的自己將會比今天的自己更進步的話，成功當然就會出現在你眼前，這是比處心積慮打擊別人還要好的方法。

# 讓煩惱的心境開朗起來

其實，只要以積極的心態正視挫折，你就會發現，原來挫折真的是上天賜給你，讓你找到成功竅門的禮物。

每個人都有過跌倒過的經驗，也會因爲嚐過跌倒後的痛苦，而提醒自己不要再出現下一次。

挫折的作用也是如此。挫折的出現，是爲了提醒我們哪裡做錯了，以及應該如何補救才能成功。

如果能夠這麼想，遭遇失敗挫折之後，我們更應該心平氣和地提醒自己，不要再犯同樣的錯。

伊琳．艾根曾經跟隨受世人敬重的德蕾莎修女，在她身旁工作了三十多年。

德蕾莎修女過世之後，伊琳在追悼會中，曾經提到德蕾莎修女為人處世的態度為她帶來的影響。

伊琳說，有一次她失望、煩躁的問德蕾莎修女，為什麼人世間到處都充滿著挫折與苦難？

德蕾莎修女聽完了她的問題，和藹的回答：「其實，既然人世間的苦難和挫折是無法避免的，那我們何不換一個角度想想，挫折和苦難是上天為了讓我們更堅強而賜予我們的禮物？如果我們能這樣想的話，挫折和苦難對我們而言，就會少了悲觀，多了快樂。」

不久之後，伊琳和德蕾莎修女準備搭飛機回紐約。

沒想到，飛機在起飛之前發生了故障，她們就這樣被迫要在機場多停留四個小時。

當伊琳知道這件事之後，想起接下來有很多行程會被延誤，覺得十分煩躁。

可是，當她想起德蕾莎修女不久前對她說過的話之後，煩躁的心情立刻變得心平氣和。

伊琳對德蕾莎修女說：「修女，我們今天得到了一份『小禮物』，我們擁有了四個小時的空閒時間。」

德蕾莎修女聽完了她的話，微笑著看著她，然後就安然的坐下來，拿出一本書，靜靜的讀了起來。

伊琳說：「從此以後，每當我在生活中遇到磨難或挫折時，便會想到德蕾莎修女的教誨，用這些話來開導自己：『今天我們又得到了一份禮物』，或者『嘿，這可真是個特殊的大禮物』。這些話真的有神奇的效果，就在說這些話的同時，原本煩惱的心境，自然就會開朗起來。」

匆忙快速的步調和焦躁不安的心境，常常會限制了我們對事物的看法，而把挫折視爲不好的事物。

所以，我們不是小心翼翼的去避免挫折，不然就是在遇到挫折的時候愁眉苦臉，好像頭上的那片天要塌下來了。

這些都不是面對挫折該有的態度。

其實，只要讓煩惱的心境開朗起來，以積極的心態正視挫折，你就會發現，原來挫折眞的是上天賜給你，讓你找到成功竅門的禮物。

# 充滿希望就能達成願望

奇蹟是存在於希望之中的。不要讓物質層次的事物，成為你生命中唯一的目的。

除了有形的財富之外，世界上還有很多事物，值得我們去追求。可惜的是，我們對於財富的定義，常常侷限在外在的表象，以致於忘記了更需要去細細品味生活中的另外一面，一些也許微不足道，卻能眞正讓我們獲益良多的事物。

漢里因為長期累積的工作壓力以及生活作息不正常，而得了胃癌，甚至因為胃出血而住進醫院。

因為接受化學治療的關係，漢里的體重從原來的八十公斤，銳減到只剩六十公斤。而且因為消化系統受到損壞，所以漢里每天早晚，都需要護士用橡皮管幫他洗兩次胃，好把胃裡消化不了的食物洗出來。

醫生很坦白地告訴漢里，在他有生之年，都必須過這樣的生活。過了一段時間，漢里心想：「既然剩下的時間，除了等死以外沒有辦法做其他的事，倒不如將剩餘的時間好好利用。」

漢里從小的願望就是希望有一天能夠環遊世界，所以他決定將這個最想達成的願望付諸行動。

當漢里把他的決定告訴醫生時，醫生感到非常驚訝，並且警告漢里說，他現在身體的情況非常虛弱，如果他堅持要環遊世界的話，很可能無法活著回來。

漢里對醫生說：「既然早晚都會死，我希望至少能夠完成願望之後再死。」

醫生見漢里這麼堅持，只好答應讓他出院。

漢里從洛杉磯搭上亞當斯總統號船，開始向東方航行。奇怪的是，漢里原本虛弱的身體，從上船的那一刻起就開始好轉了，臉上也逐漸多了一些血色，甚至，開始可以吃一些固體的食物。

漢里在船上的生活過得非常自在，他認識了許多新朋友，也不再整天愁眉苦臉的擔心自己的病情。

漢里感到非常舒服，幾乎忘了他身體的病痛。

漢里平安的完成了旅行，回到醫院之後，醫生發現漢里的癌細胞有停止擴散的現象，他的體重也逐漸增加，彷彿獲得了新生一般。

許多的東西是無法用金錢來衡量的，例如健康。可惜的是，人常常要到失去的時候，才會明白到它的重要。

故事中的漢里就是如此。不過，當他明白了自己不久人世之後，立刻以行動來實踐一直無法完成的願望。

漢里沒有因爲病痛而放棄完成自己的心願，結果他不但完成了願望，還爲他的生活找回了希望。

因爲，奇蹟是存在於希望之中的。

不要讓物質層次的事物，成爲你生命中唯一的目的。

作家布萊恩曾經寫道：「無論你的人生是黑白的，還是彩色的，只要是由自己決定的人生，就是精采的人生。」

有些人的人生看起來雖然是彩色的，但由於凡事聽從別人的決定，因此，人生過得並不精采！自己的人生要怎麼過，應該由自己做決定，如此一來，你才能眞正面對自己人生的每一刻。

# 不是每朵花都能結果

奮勇向前的過程中，有多少人是憑藉著冷靜的智慧，向前邁進的呢？又有多少人其實是逞匹夫之勇的呢？

因爲凝結了生命的精髓，所有的果實都曾擁有最燦爛的一刻，然而，爲了凝結生命的永恆不墜，所有的果實在結成前，都會先歷經一段最艱困的成長過程。

有位青春正盛的年輕人，總是輕視滿臉風霜的老人家。

有一天，他和年邁的父親到公園裡散步，這時年輕人順手摘了一朵花，有些嘲諷地說：「爸爸，我們年輕人就像這朵花一般，洋溢著無限的生命活力，說實在話，像你們年紀這麼大了，怎麼比得過年輕人呢？」

父親聽見兒子的話，沒有立即反駁，只是輕輕地笑一笑，然後和著兒子的步伐繼續前進。

不久，父子兩人正經過了一個小攤販，父親順手買了一包核桃，接著他取出一顆核桃，並刻意地擺放到掌心上。然後，他親切地對兒子說：「孩子，你剛剛的比喻相當不錯。你說你是鮮花，那我就像這顆乾皺的核桃果。」

年輕人對於父親的這個比喻，似乎很滿意，臉上現出驕傲神情。但是，沒想到父親接下來卻說：「不過，事實也告訴我們，鮮花喜歡讓生命暴露在炫目的花瓣上，而果實則習慣將生命凝結、深藏在種子裡！」

年輕人相當不服氣地說：「沒錯，但是，要是沒有鮮花，哪裡會有果實呢？」

只見父親哈哈大笑後，又說：「是啊，所有的果實都曾經是鮮花，不過，我的孩子啊！不是所有的花朵都能夠成為果實喔！」

「不是所有的花朵都能結成果實！」這是故事中傳遞出來的主旨，更是給年輕氣盛的青年們一個諫言。

如花歲月，在這個充滿著生命活力的時候，大多數的年輕人都會倚仗著自己的活力，勇敢地向未來挑戰，然而，在奮勇向前的過程中，有多少人是憑藉著冷靜的智慧，向前邁進的呢？又有多少人其實是逞匹夫之勇的呢？

繁花似錦，也終有凋謝時。

無論我們前進的腳步是否鏗鏘有聲，仍然要小心前進，因爲暗處的陷阱並不會因爲腳步聲大而退隱、抽身。越是自恃自滿的步伐，即使陷阱明示在眼前，他們也不懂得閃躲，所以，故事中的父親暗示著：「氣越旺越要懂得收斂啊！」

你曾經觀察果實結成的過程嗎？

我們發現，所有準備結成果實的花朵，從花開到花謝，從花謝到結果，中間花費了相當長的時間，那就像人類生命的凝結，不論是風吹雨淋，還是烈陽曝曬，最終的「成果」，始終都源自於人們看不見的無華過程。

「結果」的產生，始終是在生命光芒乍現的前一秒鐘。

# 不要急著打退堂鼓

俄國文豪杜斯托也夫斯基在《少年》一書中寫道：「只要有堅強的意志，就自然而然會有能耐、機智和應變的智慧。」

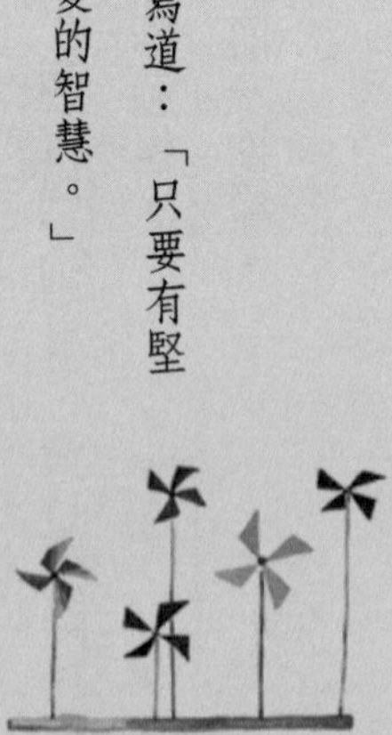

英國詩人勃朗寧曾經說過：「一個人成功與否，並不在於他們如何循規蹈矩，而在於他們是否能在關鍵時刻表現靈活。」

的確，如果你凡是只會死守教條，腦袋不懂得轉彎，那麼你永遠只會讓自己陷入人生的困局。

英國牛津大學有位著名的教授名叫李費，是享譽歐洲的學者。他有一個怪癖，那就是藐視女性，每當他走進教室上課的時候，不管裡頭有沒有女學生，都習慣用「紳士們」作為起頭。

這個習慣讓一群響應女權運動的女學生十分反感，認為他嚴重漠視女性的存在，有違兩性平等原則，決定聯合起來捉弄他，讓他難堪。

有一天，李費教授上課之前，這些女學生強迫驅離所有的男學生教室，只留下一個男在教室，準備看李費怎麼應付這種局面。

上課鐘聲響後，李費教授一如往常走進教室，卻見到裡頭只一個男生，其餘全是女學生，嗅出氣氛不太對勁。

李費知道這群女學生故意要和他過不去，於是不急不徐地改口說：「這位可憐的紳士……」然後若無其事地繼續上課。

俄國文豪杜斯托也夫斯基在《少年》一書中寫道：「只要有堅強的意志，就自然而然會有能耐、機智和應變的智慧。」

李費教授的行徑，給我們的啓示是——不管別人如何和自己過不去，只要你能堅持到底就是勝利。

就像獵人的目的不在於跟蹤獵物，而是將牠們捕獲，做事情最基本的原則是貴在恆心與堅持，爭取最後的勝利；與其開場時風光熱鬧，不如落幕時有所獲得。

在日常生活中，我們可以看到許多人一遇見困難，就乾脆自己先打退堂鼓，忙著給自己找台階下，理由是：何必爲難自己呢？

試都不試就先打退堂鼓，這種行爲簡直是瞧不起自己，無疑是告訴別人自己是個怯弱、畏縮、缺乏自信的傢伙。

相形之下，那種勇往直前，縱使遇到挫折也不氣餒的進取精神，著實令人欽佩。

## 關鍵的朋友留在關鍵的時候用

培根在《人生智慧》中說：「友誼對於人生，真像是煉金術士所要尋找的那種『點金石』。它能使黃金加倍，又能使鐵點成金。」

培根在《人生智慧》中說：「友誼對於人生，真像是煉金術士所要尋找的那種『點金石』。它能使黃金加倍，又能使鐵點成金。」

俗話說：「天無絕人之路」，這是因爲許多人走到了人生轉折點，都會幸運地受到朋友幫助，成功地走向全新的境界。

國際電影明星席維斯史特龍，尚未成名之前生活過得十分落魄，身上僅有一百塊美金，甚至連房子都租不起，每天睡在車裡。

當時，他立志要當演員，自信滿滿地跑到各大電影公司應徵，但是都因為外貌不出眾以及說話咬字不清而遭到拒絕。

但是，在被拒絕了一千五百次以後，他仍然不灰心，寫了「洛基」劇本，並且拿著劇本四處毛遂自薦，又被拒絕了一千八百次。儘管如此，他還是不灰心，最後終於好運臨頭，遇到一名肯接納他的電影公司老闆，出資讓他拍攝電影。

席維斯史特龍堅持到底，最後終於如願以償，自編自演的「洛基」使他成為名震國際影壇的超級巨星。席維斯史特龍的故事告訴我們，一個人只要設定目標，知道自己想要的是什麼，然後採取行動絕不放棄，成功只是時間早晚而已。

中國著名的文藝理論家何其芳，在上海中國公學預科讀書時，開始從事文藝創作，但是他投到報社的小說每篇都被退稿，他為了要突破困境，於是寫信向在該校任教的沈從文請益。

過了不久，沈從文回信鼓勵他多讀、多寫，多觀察周遭事物，多體驗生活。

第二年，何其芳苦心創作的小說《換秋》，終於發表在《新月》雜誌上，這便是何其芳的新起點。

後來，何其芳考入北京大學讀書，常在《大公報》副刊上發表詩歌、散文，當時的主編就是沈從文。一九三五年，沈從文更撰寫《何其芳浮雕》一文，讚揚何其芳的作品，從此，何其芳蜚聲國內文壇。

每個人一生當中，都有數不盡的貴人；貴人通常會在你最需要的時刻，奇蹟式地降臨，幫助你突破困境。只要你能樂觀地這麼想，即使走在坎坷的人生旅程，也不會因爲內在的擔心、害怕而亂了方寸。

每天晚上睡覺前，試著調整自己的情緒，爲嶄新的明天做準備。想一想周圍的美好事物，想一想現在或過去的好朋友，想一想每一個幫助過你的人，想像著他們在你熟睡時一直都注視著你，不但可以培養良好的價值觀，而且會帶來溫暖和安全感，伴你沉穩入睡。

最後，必須隨時告訴自己，最關鍵的朋友要留到最關鍵的時刻使用，千萬不要把友情花費在無關緊要的事情上。

s gonna change my world.

About 30 fire trucks along w
rushed to the scene to bring
control. There were no repo
and the exact cause of the
determined, they said.

PART 4

# 樂觀的人
# 在絕望中找希望

若能從現實的磨練中深刻地體會，
生活處處都是艱難或危險，
就很容易培養出樂觀面對的生活態度。

# 像陽光普照的機會

機會一直都在我們的身邊，很少離棄我們遠去，只是大多數時間人們對它們視而不見。

機會和陽光一樣，從來都不吝於給予，只要我們善於把握，勇於追求，不論它們藏在多麼隱密的地方，我們都能緊緊地捉住每一個屬於我們的希望與機會。

在維也納街頭的一角，有個流浪漢正躺在公園的石階上睡覺。清晨的陽光照射下來，四周傳來了美妙的樂音，這是屬於維也納獨有的城市風味。這時，流浪漢從一夜的飢寒交迫中醒來，揉了揉雙眸，伸了伸懶腰，然後環顧四周的早晨景緻。

忽然，他發現陽光像金沙般燦亮地灑在地上，而太陽光的溫暖關照，令他感受到前所未有的感動。

他伸手輕觸地上的金黃光照，感覺就像是撫摸柔軟而溫暖的金黃毛皮。穿著一身髒破的衣服的他，抬起了頭，直接感受溫暖陽光的照射，忽地，他感覺自己好像也穿上了貴族大衣，輕快而驕傲地走在這個美麗城市。

從幻夢中醒來，他仔細地看了看自己，然後再看看已經開始忙碌的人們，忽然，流浪漢心中激起了一份衝勁……

他問自己：「那些落魄的藝術家能在陽光的沐浴下，獲得創作的靈感和精神的撫慰，為什麼我就不能從這美麗的光芒中，找到夢寐以求的東西呢？」

二十年後，有位維也納跨國公司的總裁說：「財富賜予每個人的機遇都是平等的，就像維也納早晨的陽光！」

這位大老闆名叫威廉．卡拉齊，是的，他就是二十年前那個露宿街頭的年輕人，一個靠著擦皮鞋、撿拾垃圾，和撿取陽光的金子而發跡的流浪漢。

一道曦光激起一個生命力量，從大自然中，我們經常感受到無法言喻的感動力量。

在質疑生命有多少可能性的時候，一道清晨的光芒激發了卡拉齊的潛能，因為在那一剎那間，他發現：「只要積極把握，勇於追求，機會始終都會出現，因為明天的旭日依舊東升！」

機會一直都在我們的身邊，很少離棄我們遠去，只是大多數時間人們對它們視而不見。

機會就像陽光，總是均等地普照在每一個人的身上，它們不會逼迫我們去接受它們，只希望我們能像卡拉齊一樣，在生命絕望的時候能夠感受到它們的支持，支持自己展開新人生的動力。

# 用你的意志力突破所有艱難

不必把擔心放在前頭，我們只需努力前進，只要心存希望，相信自己能克服一切，那麼再強的風沙也阻擋不了我們前進的力量。

黑人領袖馬丁·路德金有句名言：「在這個世界上，沒有人能夠使你倒下，只要你的信念還站立著的話。」

沒有人能使我們倒下，只要我們能不斷地再站起來，靠著我們的信心、毅力和勇氣，即使別人有心絆倒或推倒我們，我們也能像不倒翁一樣，堅強挺立。

在一望無際的茫茫大漠裡，有支探險隊正辛苦地跋涉其中。太陽光實在很強，雖然有風吹起，但是迎面而來的卻是乾燥酷熱的漫天飛沙，就在這個時候，探險隊員們的水喝光了。

在這片沙漠裡，水是隊員們穿越沙漠的信心和源泉，更是走在沙漠中的人苦苦搜尋的求生目標。

這時，隊長從腰間拿出了一只水壺說：「我這裡還有一壺水，但是在穿越沙漠前，誰也不准喝。」

為了讓隊員們知道裡面的水量，水壺封口緊閉，接著再從每一位隊員們的手裡依次傳遞，果然沉沉的，隊員們的心中頓時又充滿了生機，滿臉的絕望神情又重新展出希望的笑顏。

緊接著，他們一步步掙脫了死亡線，積極地走過沙漠。當他們看見目的地時，個個都喜極而泣。

突然，他們想起了那壺水，一個給予他們精神和信念支撐力量的希望。隊長滿意地擰開壺蓋，但是，流出的竟是一壺滿滿的沙粒。

隊長笑著說：「在沙漠裡，乾枯的沙子也是清冽的水，只要你的心裡駐紮了擁有清泉的信念！」

「心存希望，是推動人生的重要力量！」這是我們從那壺沙粒中所獲得的啓發，只要我們求生的意志力還在，那麼我們一定能突破萬難，達陣成功。

古今將領往往以心理層面來解決難題，提供了一個小小的想像空間，輕輕地提振了伙伴們的士氣，也提升他們積極前進的動力。

從這些例子中，我們也深刻地體會到，只要在我們心中充滿了支持力量，即使危機處處，我們還是能靠著信念，用力支撐起來。

我們的未來會有多少可能，或存在著多少危機？不必把擔心放在前頭，我們只需努力前進，只要心存希望，相信自己能克服一切，那麼再強的風沙也阻擋不了我們前進的力量。

# 希望從來不曾離棄你

即使生活上再多苦困，也不必萬念俱灰，因為生命的出口一直都敞開著門，靜靜地等待我們去發現。

安慰再多，最終也要我們自己能釋懷；抱怨再多，最後我們還是要勇敢地面對。

生活總會有出口，我們無須天天浪費時間抱怨，也別再垂頭喪氣。你不肯抬頭看看天空，又怎麼會知道，原來希望的陽光早已高空普照，正等著陪伴你走出黑暗，來到希望的入口。

話劇大家波爾赫特是位傑出的藝術大師，五十多年來，她的風采遍佈了世界各地的戲劇舞台。

然而，當她七十一歲之時，卻突然發現自己已經破產，而且一貧如洗。更糟糕的是，她在乘船橫渡大西洋時，不小心摔了一跤，由於腿傷太過嚴重，引起了靜脈炎。

醫生診斷後，認為波爾赫特必須把腿部切除，但是沒有人敢把這個消息告訴她，深怕她會承受不了這個打擊。

但是，醫生們判斷錯了，因為當波爾赫特知道自己的情況後，便對醫生說：「既然沒有其他的法子，那就切除吧！」

手術那天，波爾赫特在輪椅上朗誦了一段台詞，有人問她：「妳是否在安慰自己？」

只見她搖了搖，回答：「不，我是在安慰醫生和護士，她們實在太辛苦了。」

康復後的波爾赫特，仍繼續在世界各地演出，在這熟悉的舞台上，她熱情地再站了七年。

小說家達克頓曾經勉勵自己說：「除非失明，生活上的任何打擊我都承受得了！」

很不幸的，就在他六十歲時，雙目竟眞的失明了。不過，失明後的他又改口說：「即使失明了，我還能忍受，因為我可以憑藉著心靈，繼續生存下去。」

面對無可挽回的事實，很多人都會抱怨生命不公，當然有更多人選擇消極地退縮，然而不斷地抱怨與退縮，對於現實的生活能有多少幫助呢？

看波爾赫特與達克頓的樂觀積極的轉念，不僅讓他們重展笑顏，更讓他們看見了嶄新的人生道路。

即使生活上再多苦困，也不必萬念俱灰，因爲生命的出口一直都敞開著門，靜靜地等待我們去發現，只要我們能重新再站起來，一抬起頭，便能看見走出困境的希望出口！

## 計較年齡，只會讓你一事無成

學習與經驗從來不分年齡，只要我們能積極學習、積極累積，一定能很快地創造出屬於自己的天空。

到底幾歲是成就未來的最好時機呢？

任何年齡或歲數都是最好的時候，因爲，只要我們肯學習，願意時刻糾正早已過時的觀念，即使到了是九十高齡，也能有超越人生巔峰的機會。

一八九〇年，一個陽光明媚的上午，在德國沃茲堡大學裡的一間教學樓裡，不時傳來教師們的講課聲，以及學生們的嚷嚷聲。

這時，忽然有位滿臉鬍根，看似滄桑的年輕人，背著厚重的行囊，出現在教學樓的走廊上，東張西望的，好像正在尋人。

「您是誰？」有位年輕的教授迎面走了過來，並親切地詢問他。

年輕人先是禮貌地鞠了躬，接著說：「我剛從蘇黎世大學過來，我叫倫琴，是專程來向康特教授請益的。」

「啊！我就是。」康特教授滿臉微笑地回答。

接著，康特教授一邊引導他往辦公室方向前進，一邊對倫琴說：「你的論文和推薦信，我已經看到了。」

聽到教授已經了解他的情況時，倫琴忽然很坦白地說道：「教授，我今年才二十五歲，不知道您會不會覺得我太唐突，或者是太年輕幼稚了？」

康特教授親切地拍拍他的肩膀，微笑說：「會嗎？我也才三十一歲而已。」

就這樣，倫琴成了康特教授的助教。在名師的薰陶下，倫琴很快地也有了小小的成績，四年後，他便晉升為物理教授，而且是沃茲堡大學裡的名師。

一九〇一年，倫琴發現了X射線，這不僅讓他獲得了諾貝爾物理學獎，更讓他的人生走到了最巔峰。

年齡能代表什麼？因爲多一歲所以多一份經驗？還是，因爲少一歲，所以少一次挫折？

曾經，有人將兩個同樣二十歲的年輕人做了比較，在他們之中便有極大的差異。因爲，其中一人認眞地累積了足足二十年的經驗，二十歲便成爲億萬富翁；而另一個人卻過了空白的二十個年頭，如今仍然一無所成。

從這個小小的同齡比較中，我們不難得知，比較的重點，不在於年齡，而在於學習累積，在於是否有用心累積。像故事中的倫琴和康特教授一樣，在他們謙虛的交流中，我們也看見了「術業專攻」的道理，而且一點也不受年齡的侷限。

你還在擔心自己年紀太輕，或是年紀太大了嗎？

學習與經驗從來不分年齡，年紀較長的人，只要願意繼續吸收新的資訊，競爭力永遠不會輸年輕人。

反之，年紀太輕又何妨？只要我們能積極學習、積極累積，讓自己的競爭力再加上年輕活力，一定能很快地創造出屬於自己的天空。

# 從小石路中開拓平坦的大道

只要我們能相信自己，帶著勇氣和信心執著下去，不論路途多麼遙遠，多麼彎曲，我們終究會到成功的山頭。

生活磨人，但也成就我們的人生道路，雖然一路盡是坎坷，但只要我們能夠堅持下去，始終都會走到路的盡頭，走到我們仰望已久的人生目標。

有個老人家正端坐在蜘蛛網前面，非常專注地盯著前方的一個小黑影。透過蜘蛛網線向前望去，這個黑影就好像是行走在網線上的黑蜘蛛一樣。

當黑色身影越來越近時，老人家終於看清楚，那個黑影的本尊，原來是個朝氣勃勃的年輕人。穿著一身輕便服裝的他行色匆匆，正急急地向老人靠近。

年輕人來到老人面前，立即深深地鞠躬，接著便問：「請問您，我要到那座山去，不知道該走哪條路才對？」

老人家側著頭，想了想，接著便緩緩地舉起右手的三個指頭，反問：「右邊有三條路，你想走哪一條？」

年輕人躊躇許久，沒有做出決定，老人家又說：「左邊的路坎坷不平。」

老人家話說完後，便閉上了雙眼，年輕人見狀便不再追問，拄著拐杖就走了。

過了許久，年輕人折回來找老人，有點不高興地問：「好心的老爺爺，我真的得到山裡去，你說的坎坷路根本沒有出口啊！您能不能告訴我正確的山路呢？」

老人還是伸出三個指頭：「左、中、右，你想走哪條？」

年輕人刪去了左邊後，猶豫地說：「右邊。」

只見老人家冷漠地回答：「右邊的路佈滿荊棘！」

說完，老人家又閉上了眼睛。

年輕人呆呆地望了老人一會兒，便困惑地拄著拐杖，一步一步地往右邊前進。

但是，過了不久，年輕人又出現在老人家面前了。這次他放下背包，席地而坐，接連喘了幾口氣，才對老人說：「老爺爺啊！我一定要到那座山，求求您行行好，別讓我在原地打轉了，麻煩您告訴我正確的路！」

老人還是只伸出三個指頭，問年輕人道：「左、中、右，你想走哪一條路？」

這回年輕人毫不猶豫地說：「我要走一條平坦的路！」

但是，老人家卻笑著說：「沒有平坦的路啊！」

年輕人一聽，整個人頓時呆住，用若有所思的目光看了老人家一眼。突然，他明白老人家的用意了！

於是，他再度充滿自信地背起了背包，拄著拐杖，堅定地朝前方的道路走去。

看見兩度折回的年輕人，或許有人也看見了，自己曾經受挫時的退縮；當年輕人一再地等待老人家給答案時，也許有人也看見了，自己曾經受制於別人指示時的困窘。

人生到底應該怎麼走？

人生的道路到底會是平坦，還是坎坷？

答案，就在故事的寓意之中：「路是平坦的，還是坎坷的，全靠我們自己走出來！」

聽見老人家說「沒有平坦的路」時，你心中激起什麼樣的念頭？是再一次失望地退回原點？

還是，像年輕人一樣頓悟？

無論路再怎麼崎嶇不平，只要我們能堅持下去，不輕易退縮，再坎坷的道路也會被我們踩踏成爲平坦大道。只要我們能相信自己，帶著勇氣和信心執著下去，不論路途多麼遙遠，多麼彎曲，終究會到成功的山頭。

# 樂觀的人在絕望中找希望

若能從現實的磨練中深刻地體會，生活處處都是艱難或危險，就很容易培養出樂觀面對的生活態度。

樂觀地面對生活，即使希望忽然破滅，我們也要積極重新尋找希望，就像蒙田曾說：「與其在失敗的驚詫中陷入長期的痛苦與沮喪，不如接受挫折，並耐心等待另一個溫暖的時機！」

喬恩和賈許是中學時期的同班同學，雖然兩個人當年的成績不相上下，但相隔十幾年後，兩個人的成就卻有著極大的差異。喬恩拿到了博士學位，但賈許卻只是個中學畢業的工人。

當賈許知道喬恩拿到博士學位時，曾打電話祝賀。他說：「我確實不像你那麼有毅力。」

轉眼間，這兩個老同學已經成為老博士與老工人了。

但是，命運似乎有意捉弄他們，到了理應快樂養老的時候，兩個人竟又回到了同一個起點上，他們同時被檢查出身患絕症。

很巧合的，他們住進了同一家醫院。兩個老同學在病房再次相遇，但是老博士看起來似乎狀況很差，他以自己了解病況為由，經常拒絕醫護人員的治療，悲觀的他後來還心生自殺的念頭，所幸被醫護人員及時發現。

至於另一個病人則完全相反，積極配合的他，更以「小毛病」來自我解嘲，樂觀的態度連醫生們都忍不住為他鼓掌。

賈許聽說老同學竟然想自殺，便安慰他：「你啊你，你不是樣樣都比我強的嗎？現在是怎麼啦？別在這關輸我啊！」

喬恩看著賈許，在這個痛不欲生的時候，若有所悟地說：「其實，我是個只有在看得到希望時才知道努力的人，而你卻和我相反，因為你是在失去希望時仍堅持不放棄。我的努力是因為知道可以換來成功的喜悅，可是你的努力卻充滿著痛苦的延續。這其中的差異讓我終於明白，原來真正有毅力的人，不是我，而是你！」

在所有的敵人中，我們最容易原諒的就是自己，因爲，征服自己需要很大的勇氣。但是，唯有下定決心戰勝自己時，一個人的生命才有了嶄新的價值。

「我是因爲知道有希望，所以前進；你卻是從失望中，看見希望！」當喬恩深有所悟地說出這段比較時，我們也聽出了成功人生的關鍵，並不在於最後的結果，而是在逆流而上的過程中。

其實，喬恩並不是沒有突破困難的勇氣，只是他缺少了樂觀面對的生活態度，這就像許多仍然待在校園的學生一樣，他們雖然在求學道路上努力前進，但是只要你問一問他：「那未來呢？」想必十之八九會告訴你：「畢業後再說了！」

因爲對自己缺乏信心，所以無法面對失去求學目標後，自己必須面對的生活現實，於是，越來越多的學生以繼續升學爲藉口，放棄面對現實環境的磨練。

拿喬恩與賈許的情況來比較，或許可以讓更多仍在逃避現實的人，一個當頭喝棒式的提醒。

兩個不同的生命態度，其實正是不同生長環境的累積結果，校園絕對是一個最好的學習環境，但也是最差的求生環境。不敢勇敢面對人生的人，若是能從現實的磨練中深刻地體會，生活處處都是艱難或危險，就很容易培養出樂觀面對的生活態度。

# 非凡的成就來自不斷的奮鬥

只要我們能堅強地走過這條漫長且艱辛的隧道，我們便會驚覺，自己竟從一粒平凡的小沙粒，長成一顆價值非凡的珍珠。

當許多人對點石成金術感到好奇時，不妨看看珍珠，她不正代表著一種點金術嗎？

只是這個點石成金，和我們的成長過程一樣，需要不斷地累積時間，不斷地經歷磨練，最終才能成就珍珠的無價。

在日本的一個小漁港裡，有個養珠人計劃要飼養一顆世上最大最美的頂級珍珠。

他先到海岸邊，準備選出一顆沙粒，然後又一個個地詢問沙灘上的沙粒：「你願不願意成為珍珠呢？」

以為可以很快問出自願者的養珠人，單是問這一句話，就從清晨問到了黃昏。

就在他準備放棄時，有顆沙粒答應了他。

聽見兄弟要去當珍珠，其他的沙粒紛紛嘲笑、斥責它：「為什那麼傻！當你被放入蚌殼後，便將永久遠離親人朋友們了，還有，那裡看不見陽光與明月，更別提甜美的雨露和輕輕微風，甚至還缺乏空氣，只有黑暗和潮濕，從此你只有孤單與寒冷相陪，太傻了！」

小沙粒聽見親友們這麼說，並不反悔，仍然跟著養珠人走了。幾年過去，那顆沙粒已經長成一顆晶瑩剔透的珍珠，而且經過專家鑑定，它可是顆價值連城的頂級珍珠。

至於那些曾嘲笑它的夥伴們，如今依然只是一顆顆平凡的沙粒，有些甚至還風化成土。

從養珠的過程中，你是否也有著深刻的啓發？

其實，珍珠必須經過一段時間的累積，才能得到非凡的成就。從故事中，我們看見了堅毅的生命力。

在珍珠養成前，有著一段很長的時間要煎熬，就像成功者的奮鬥過程一般，雖然每一步辛苦踏出的步伐都艱苦萬分，但是，他們還是堅持下去，即使長時間身處黑暗之中，他們也會堅強地支持下去，直到重見陽光！

所以，只要我們能堅強地走過這條漫長且艱辛的隧道，不知不覺中，我們便會驚覺，自己已經從一粒平凡的小沙粒，長成爲一顆顆價值非凡的珍珠。

# 人生就像在爛泥巴中打滾

別害怕在泥巴中滾動，也別擔心沾染了一身的泥土，因為那是讓你學會堅忍與面對勇氣的最好方法。

不要對身上沾染的泥巴感到厭煩，因爲，那證明了你曾經走過無數風雨交加的人生道路。

對於沾染滿身的爛泥巴，請別急著將它們拍除，因爲那累積著，我們一路走來所突破的生活艱難。

住在中國偏遠山區的侗族人有一項很獨特的成年禮儀式，他們在一生中有三個生日時間要執行「滾泥巴」的儀式，那分別是在五歲、十歲和十五歲時。

侗族人之所以要這麼做，從他們流傳的俗語，就可以略探一二：「你將從母親那裡學到善良，從父親那裡學到勤勞，從祖父那裡學到耐性。」

因為，孩子五歲時，他將脫離母親的懷抱，開始向父親學習。五歲生日這天，他們滾完泥巴，母親便會把孩子帶到田邊，由父親在田埂那邊接手，開始教導孩子田地的工作。

到了十歲，父親會把剛滾完泥巴的孩子帶到田邊，並由祖父在田埂那邊接手。因為從父親那裡，孩子已經初步養成勞動的習慣，接下來，要開始向祖父學習以個人的鍛鍊意志，培養耐性。

十五歲時，他們滾完泥巴後，祖父會把他帶到田邊，並交給他不遠處的一塊荒地，再對他說：「從這一刻開始，你已經長大成人了，要靠自己去體驗人間的艱辛。」

侗族有這麼一句代代相傳的俗話：「靠別人吃飯過日子，會一輩子都餓肚子。」

反觀現代社會中的孩子們，享受著父母的呵寵，即使身上沾染了一點泥土，也哭著要父母幫忙拍塵。鮮少吃苦的他們，一旦離開了父母的保護羽翼，來到現實的社會中生活，我們便經常看見，孩子們氣憤地說上司不公，他要辭職；或稍稍遇到一點挫折，便又退回家中哭泣。

看看侗族人的孩子，他們享受母親的呵護，在父親教導下成長，也在祖父訓示裡慢慢長成，然而，無論親人們怎麼教導呵護，他們都要孩子們面對這場爛泥巴，讓他們親自在泥巴中打滾，滾動他們未來的人生，一直到他們能夠獨立接掌荒廢的田地，迎接完全屬於他們的成功未來。

也許，有人會感慨說：「侗族人的孩子們，其實是很幸福的，因爲他們在父母的呵護中學會勇氣，也培養出無比堅強的毅力。」

看著侗族孩子們一身的爛泥巴，反觀我們自己身上的那點灰塵，你得到了什麼樣的啓發？

無論父母怎樣呵護，你們始終都會有獨立生長的時候，別害怕在泥巴中滾動，也別擔心沾染了一身的泥土，因爲那是讓你學會堅忍與面對勇氣的最好方法。

# 讓困難磨亮生命的光芒

生活原本就是由驚險和危機組成，如何化險為安，把危機轉化為轉機，是讓勇敢生活的人，表現勇敢冒險的最佳時候！

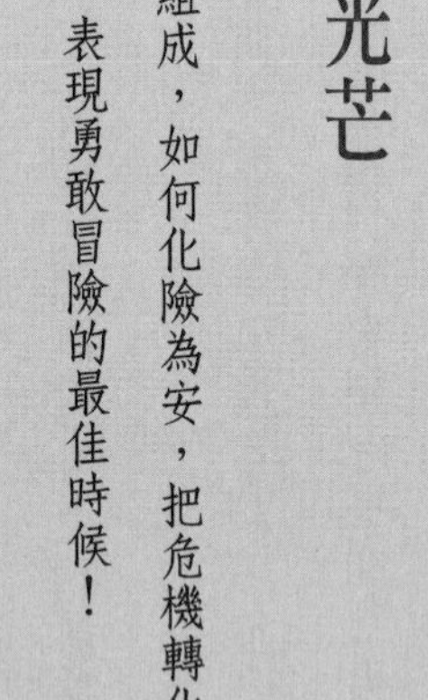

萬事起頭難，但是無論一開始有多少艱難，我們仍然要勇敢地跨出第一步。因爲，只要我們能跨出成功的第一步，就能用更穩健的步伐積極向前。

即使失敗了，我們也要感到慶幸，因爲這一步讓我們能即時修正方向，並在第一時間內發現全新的人生道路。

春天來到，老農夫將種子全播撒在肥沃的土地上。

這時，有兩顆相鄰的種子，在土壤底下閒聊了起來。

第一顆種子說：「我要努力生長，我要向下紮根，我還要『出人頭地』，讓莖葉隨風搖擺。我還要努力鑽出土壤，好享受春日溫柔的親吻。啊，還有晨露，我要品嚐露水的甘甜。」

說完，很努力地向上生長。

看見第一顆種子這麼賣命，第二顆種子就搖搖頭說：「我沒你那樣勇敢，只要我一想到向下紮根時，可能會碰到的硬石，又或是用力往上鑽後，可能會傷及我的脆弱根莖，我就不想那麼努力。還有，如果我們急著長出幼芽，恐怕很快地便會被蝸牛吃掉呢！再想到開花結果後，人們會將我連根拔起的情況，我想，我還是等情況安全些再做打算吧！」

於是，第二顆種子瑟縮在土壤裡，未見成長。

沒想到幾天後，一隻老母雞來到田地裡找尋食物，當牠在土壤裡東啄西啄時，忽然「咕嚕」一聲，這第二顆種子就這麼進了老母雞的肚子裡。

寓意很深遠的一則小故事，看見畏畏縮縮且害怕前進的第二顆種子時，你是否也驚覺，自己也曾有過這樣的畏縮？

不敢往上攀爬的人，很難培養出生命的韌性；一味地害怕退縮，不僅會一再地錯過機會，也會讓自己身陷困境中。

唯有像第一顆種子那樣，勇於突破，努力生長，我們才能站穩自己的地盤；也唯有像第一顆種子那般，紮紮實實地穩固根基，才不怕風雨的侵襲。

其實，生活原本就是由驚險和危機組成，如何化險爲安，如何把危機轉化爲轉機，這些都是讓勇敢生活的人，表現自己勇敢冒險的最佳時候！

PART 5

# 危機，
# 就是進步的階梯

人生不可能隨時隨地一帆風順，
一帆風順也無法讓你進步。
只有當你克服危機的時候，
才會出現讓你更上一層樓的階梯。

# 危機，就是進步的階梯

人生不可能隨時一帆風順，一帆風順也無法讓你進步。只有當你克服危機的時候，才會出現讓你更上一層樓的階梯。

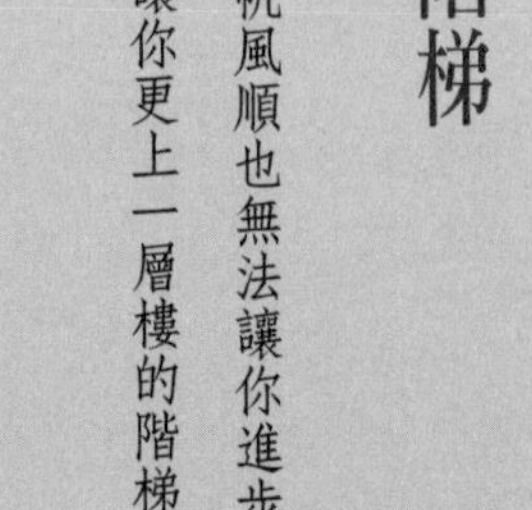

沒有人喜歡遇到危機，因爲危機代表了許許多多的麻煩。這些麻煩一旦出現，如果處理得不好，就個人來說是捲舖蓋走路；就企業而言，小則信用受損，大則破產倒閉。

幾乎沒有人會給危機正面而肯定的評價，可是，面對危機是不是眞的都是壞事呢？

其實，並不一定，有時危機的發生，反而會激發自己從來未曾展現過的潛能。

這是一個發生在日本的神奇而真實的故事。

有一天，一位粗心大意的年輕媽媽到街上購物，把四歲的孩子單獨留在家中。等到回家的時候，在住家大樓附近碰到熟人，於是就停下來和熟人聊天。

聊到一半的時候，這個年輕媽媽突然看到熟人露出驚愕的眼光。她連忙回頭一看，才發現自己家十二樓的窗子是開著的，而四歲的孩子正爬到窗台上向她招手！

年輕媽媽還來不及叫小孩趕快離開，孩子已經一不小心從窗台上失足掉了下來。她連驚叫的時間都沒有，隨即丟下手中的東西，不顧一切的向孩子落下的方向奔去。

就在孩子快要落地的瞬間，年輕媽媽穩穩地接住了孩子，而這個媽媽所穿的，還是最不方便活動的窄裙和高跟鞋！

事後，某家電視台為此做過一次模擬實驗，從十二樓的窗口扔下一個枕頭，讓最身手最靈活的消防隊員從相同的距離跑過來抱住枕頭。消防隊員試了很多次，和枕頭的距離卻始終差得很遠。

因爲沒有危難刺激腎上腺，激發體內蘊藏的潛能，所以優秀的消防員也比不上一個年輕母親。由此可見，只要不是危急、災難，危機的出現，並不一定是壞事。

如果個人工作出現了危機，我們可以藉處理危機增強自己的能力，讓自己得到一個寶貴經驗。要是企業出現危機，在調整經營策略和方針的過程中，也未嘗不能發現新的商機。

從正面的角度來看待危機，不就是增強自己的「危機處理」能力的好機會嗎？

人生不可能隨時一帆風順，一帆風順也無法讓你進步。只有當你克服危機的時候，才會出現讓你更上一層樓的階梯。

# 失敗的地方，最容易獲得成功

越是疲累的時候，越應該加緊腳步，因為你不知道成功會不會就出現在下一刻。

古羅馬思想家塞內卡提醒我們：「打敗別人並不值得稱道，值得稱道的是打敗自己。」

其實，成功與失敗往往只有一線之隔，關鍵在於你是否能打敗自己的負面心理，咬緊牙關堅持到底。

堅持，並非只在一開始，貫徹始終，才是所謂的堅持。

越到最後關頭，越該堅持不放棄。

連最痛苦的部分都熬過去了，還有什麼不能堅持的呢？

在美國淘金熱時期，彼爾和許多人一樣，帶著發財的美夢趕上了這班列車。他隻身來到偏遠的西部挖金礦，拿著簡單的工具，一個人兩隻手，開始一吋一吋地挖了起來。

幾個星期之後，果然讓彼爾發現了一些金砂，他喜上眉梢、雀躍不已，但是因為缺乏大型的機器，以致無法進一步地挖掘。

彼爾為此回到家鄉，和幾位親朋好友借了一些錢，買了一部機器來開採金礦。就這樣，彼爾帶著他的機器再度來到西部，繼續實現他的發財夢。

就像受到幸運之神的眷顧一般，彼爾挖出來的第一批礦砂，經過測定之後，被認定是科羅拉多地區最豐富的礦藏之一。

彼爾知道這個消息後十分興奮，他的美夢就要成真了，狂歡了一整夜，連做夢都會笑。

於是，他加緊腳步，更勤奮地向下挖採。但說也奇怪，礦脈卻突然間消失了，不管多麼努力地向下鑽探，礦脈依然無影無蹤。

彼爾非常失望，意志也日漸消沉，慢慢地興起了放棄的念頭。最後，他決定把礦坑和用具廉價出售，捲起鋪蓋回家去。

買下這個礦坑的是一位勇於冒險的舊貨商，專門蒐集廢棄的礦坑，從絕望處尋找生機。

他請來一位工程師，詳細地偵測礦坑的地質，工程師得出了一個結論：「礦脈的失蹤是由於地下斷層所致，這是常有的現象，只要繼續向下挖掘，突破斷層地帶，就一定可以找到金礦。」

於是，舊貨商拾起工具，在彼爾的挖礦處繼續開挖，才挖不到五英呎，便看見了彼爾夢想中的金礦，舊貨商因此坐收漁翁之利，獲得了一大筆財富。

恆心與毅力的考驗，通常不是源自於開始的長途跋涉，而是在於最後決定放棄的剎那。

哲人波里比阿斯曾說：「有些人在將達到目的之際，放棄了他們的計劃；而另外一些人則剛好相反，他們會在最後的一分一秒越加努力，結果獲得勝利。」

人生其實是公平的，無論你開始時是什麼樣子，只要能持之以恆，你就能改變原來的樣子，獲得自己想要的結果。

越是疲累的時候，越應該加緊腳步，因爲你不知道成功會不會就出現在下一刻，你也不知道，下一次，你還能不能再有這樣一個成功的機會。

# 挫折是成功必經的道路

雖然我們無法控制外在的環境，但是內在的環境卻是我們可以掌握的，甘苦喜樂，其實都在你的一念之間。

挫折可以摧毀一個天才，也可以造就一個人才。

「不經一事，不長一智」，你以爲成功人士的智慧都是一點一滴逐漸累積而成的嗎？

不！他們是在遭遇困難之後，突然有所領悟，使得眼界開拓了，智慧也一下子增長了。

羅娜年紀輕輕就結婚生子，由於學歷不高，又沒什麼專業技能，加上白天要照顧孩子，只能利用晚上的時間做一些家庭手工，賺取微薄的薪水以貼補家用。

然而，在她三十歲那年，丈夫有了外遇，離棄了她和孩子。這個年過三十的失婚婦女，拖著一個剛上小學的孩子，每個月的房租、生活費、學費，每一項都是沉重的負擔。

她知道如果繼續做家庭手工，恐怕養不活自己和孩子，於是下定決心要開展自己的事業，開始獨立自主的新生活。

羅娜曾經學過一陣子裁縫，對成衣的製作有高度的興趣。她花了全部的積蓄，買了針線和布料，由設計到製作全部一手包辦，熬了幾天幾夜，總算製作出了第一批時裝，並放在精品店裡寄賣。

由於她很有設計天份，手工又精巧，加上每一件衣服都是獨一無二的，寄賣的衣服很快就銷售一空。

她越做越起勁，不只投入大量的時間工作，還不時蒐集一些新款式、新布料的資訊，令她的服裝獨樹一格，走在時代的尖端，顧客們愛不釋手，衣服還沒做出來就已經被客戶預訂一空了。

羅娜的名聲逐漸傳開，連知名的服裝品牌都登門拜訪，邀請她替他們服務，專門從事衣服的研發與設計。

孩子長大了，事業也開花結果了，羅娜的辛苦終於有了代價，憑著自己的努力開創了人生的第二春。苦盡甘來，她沒有半句怨言，反而語重心長地說：「貧窮雖然讓人痛苦，但是就好比健身房裡的運動器材，它可以磨練人，使人體格強健，看看我，你就知道了。」

雖然我們無法控制外在的環境，但是內在的環境卻是我們可以掌握的。內在指的是自己的心靈，甘苦喜樂，其實都在自己的一念之間。遇到困難時，如果能不被它擊倒，努力克服它、超越它，反而能因禍得福，開啓自己的另一個人生。

人生總是有太多的意外，意外究竟是好是壞，其實操之在己，不必怨天尤人。

# 希望是自己最好的投資

每個人在歷練人生的過程裡，不如意的遭遇是難免的，在這個時候，希望就是幫你從不如意的泥沼中掙脫的繩索。

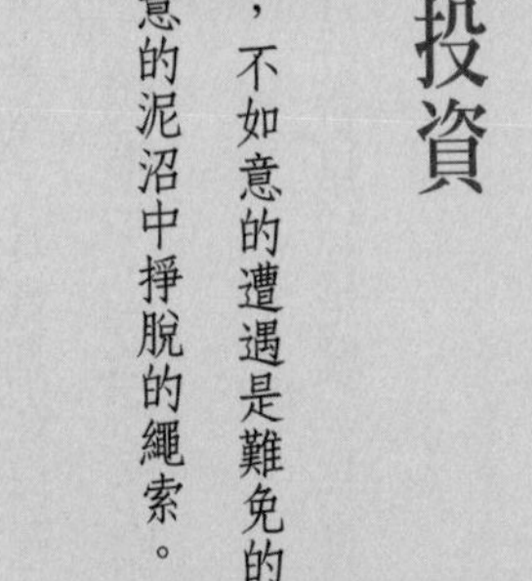

當你遇到挫折或困難時，不要忘記其實你對自己的生命，擁有比想像中還要多的主宰權力；如果你認爲自己沒有這些權力的話，那只是因爲你不知道該怎麼去運用。

學習主宰自己最好的方式，就是讓自己的心態隨時保持充滿希望的積極狀態。

卡爾·賽蒙頓是美國一位專門治療癌症的著名醫生。

有一次，賽蒙頓醫生負責治療一位六十一歲的癌症病人。這位患者病發之後體重大幅度下降，一度瘦到只剩四十四公斤；因為癌細胞擴散的關係，使他不但無法進食，甚至連基本的吞嚥口水的動作都無法做到。

賽蒙頓醫生告訴這位病人，只要他抱持著希望，自己一定會盡全力幫助他對抗癌症。

病人答應賽蒙頓醫生，說他一定會保持樂觀的心情。

醫生為了減少病人不安的情緒，讓病人得以充分了解病情，以便和醫護人員合作，所以每天都將治療進度詳細地告訴病人，以及解說他的身體對治療的反應。

治療的情形令人驚訝，而且相當良好。病人不但對醫生的囑咐完全配合，使治療過程進行得相當順利，也隨時保持樂觀的態度，不斷運用想像力，想像自己體內的白血球正努力對抗癌細胞，而且獲得最後的勝利。

過了一段時間後，病人的意志力加上醫療小組的努力，果然成功的抑制了癌細胞擴散，讓原本被宣判為癌症末期，生命陷入絕望的病人重獲新生。

每個人在歷練人生的過程裡，不如意的遭遇是難免的，在這個時候，希望就是幫你從不如意的泥沼中掙脫的繩索。

因爲，時時保持希望的人，失敗對他而言，只會更堅定自己的決心；擁有了不易動搖的決心，才會有接下來的成就。

當你在聆聽理財專家談論如何增加金錢財富的時候，別忘了，也要增加你內心的財富。

金錢的投資只能讓你得到金錢，但是對希望的投資，卻能讓你得到更多用錢也買不到的東西。

# 在變與不變之間找到平衡點

最好的一條路，是有所變、有所不變，改變那些未來可能發生的悲劇，並且接受那些過去已經造成的不幸。

俄國文豪托爾斯泰曾經告訴我們，人生就是一條河，河面有狹有寬，水流有平靜也有湍急，至於要成爲怎樣的河，一切都決定於我們自己如何做選擇。

想要過著豁達的人生，就要設法在改變與不變之中取得平衡，只要活得心甘情願，你的人生就是最完美的。

八歲的韋恩，很喜歡到住家附近的河邊玩耍。有一天，他不慎在亂石灘上跌傷了腿，雖然他的爺爺發現之後很快將他送到醫院，可惜傷勢實在不輕，即使接了骨之後，韋恩仍然劇痛難當，無法行走，出院之後就只能整天臥在床上度日。

有一天，韋恩看見爺爺坐在床前唉聲嘆氣，便好奇地問：「爺爺，你為什麼嘆氣呢？」

「唉，你的腿已經殘廢了，恐怕一輩子都不能走路了。」爺爺說。

小孩子哪裡經得起這種打擊？韋恩的眼睛、鼻子、嘴巴一下子全都扭曲在一起，「哇」的一聲大哭了起來，說道：「爺爺，你幫我想想辦法吧，我不想變成殘廢啊！」

爺爺想了很久，緩緩地說：「想要治好你的腿，除非在三年之內，找到使你受傷的那塊石頭，再把它磨平做成石枕，用來活絡筋骨，不然的話，就連爺爺都無能為力了。」

韋恩信心滿滿地說：「我知道我撞到的是一塊黑色的大石頭，那塊石頭的形狀很特殊，我一定能找到它！」

為了拯救雙腳從那天起，韋恩每天拄著拐杖，一拐一拐地走到亂石灘尋找那塊石頭，就算是刮風下雨、寸步難行，他也都咬著牙不肯放棄一點希望。

只是，兩年過去了，他依舊沒有找到那塊石頭。

這時候，爺爺安慰洩氣的他說：「也許那塊石頭被沖到下游了，你去那兒找找吧！」

韋恩聽了，立刻又到下游尋找，然而，日子一天一天過去，他還是找不到那塊黑色的石頭。

三年的期限很快就到了，韋恩哭喪著臉對爺爺說：「我真沒用，到現在還找不到那塊石頭，看樣子，我是永遠也找不到它了。」

爺爺輕撫韋恩的頭，慈愛地說：「要是真的找不到，就不要找了！你的腿不是已經能走了嗎？還要那塊石頭做什麼？三年前，我就已經把它扔到了河裡最深的地方了。」

面對自己的不幸遭遇時，你只有兩條路可以走，不是想辦法去改變它，就是接受它。

無論你選擇走哪一條路，只要自己走得心甘情願，就是一條值得努力付出的道路。

事事都想改變，你就會欲求不滿、過得很累；凡事照單全收，你也會開始怨天尤人，過得十分辛苦。

最好的一條路，或許是可以走在兩條路中央，有所變、有所不變，試著去改變那些未來可能發生的悲劇，並且坦然接受那些過去已經造成的不幸。

# 相信經驗，當心被騙

一直在有限的範圍內打轉其實是很可怕的，會讓自己陷入自以為是的陷阱裡，久而久之，想法也會跟著僵化。

一盆水如果沒有人去動它，長期不流動的結果，不是發臭就是蒸發得無影無蹤。想要讓這盆水發生作用，需要靠有人將它拿去洗衣服或是澆花，讓它在自然界循環，才能發揮最大的效益。

人的經驗就跟一盆水一樣，如果沒有外來的動力補充，那不管多豐富的經驗，都跟一盆死水沒什麼不同。

有一個登山隊準備攀登一座雪峰，這個登山隊充滿了雄心壯志，想把他們的腳印留在雪峰的峰頂，成為不可抹滅的紀錄。為了達成這個目標，登山隊花了很多時間在登山前的訓練和準備，不論是食品、藥品或其他登山器材全部一應俱全。

登山隊準備攻頂，在做最後的確認時，有一位專家提醒所有的隊員，別忘了多帶幾根鋼針。

在寒冷的雪山上，煤氣爐的噴嘴受到氣溫和氣壓的影響，非常容易堵塞，因此需要用鋼針疏通，保持噴嘴的暢通。

鋼針由一位資深隊員負責攜帶，但是這個隊員並沒有聽從專家的忠告。他認為憑著自己豐富的登山經驗，帶一根鋼針就綽綽有餘了，帶那麼多，只是徒然增加不必要的負擔而已。

遺憾的是，這支登山隊最後並沒有完成他們的心願，將足跡留在山頂，而且所有的登山隊員，沒有一個人生還。

造成悲劇的原因，就出在鋼針上，唯一的一根鋼針居然因為使用不當而不小心斷了。

由於只帶了一根鋼針，又找不到別的替代品，煤氣爐無法使用，整個登山隊無法補充熱量，最後全部陷入絕境。

對人生而言，經驗的確是屬於自己的寶貴財富。

但是，如果只相信自己的經驗，對他人的勸告一概加以拒絕，完全憑自己的經驗行事，有時不但不會成功，反而會把事情搞砸，甚至會因此造成無法挽回的損失。

由此可知，一個人即使擁有再豐富的經驗，還是需要不斷吸取別人的經驗當作輔助。因爲，個人的經驗畢竟有限，而且會陷入重複的循環當中。

一直在有限的範圍內打轉，其實是很可怕的一件事。這樣累積而來的「經驗」，只會讓自己陷入自以爲是的陷阱裡，久而久之，想法和做法也會跟著僵化。

經驗的累積是要靠時間的，想要縮短這段時間，最好的辦法，就是同時吸取別人的寶貴經驗。

# 不要讓別人的看法影響你的想法

只有當你真正明白了自己的優缺點，才能以清楚的頭腦分析別人看法是對是錯，使自己越來越好。

不要認爲別人的看法一定就是客觀的。

如果你存在著這種觀念，就很容易受別人的想法左右，一旦別人的想法不同，就會讓你陷入無所適從的困惑中。

在一個天氣晴朗的早晨，有一隻山羊經過一片被柵欄圍住的菜園。山羊想吃柵欄裡面的白菜，在菜園外徘徊，可是柵欄做得太堅固了，使得牠沒有辦法進去。

這個時候，太陽剛剛升起不久，山羊在不經意中看見了自己的影子，瞬間充滿了信心。

陽光把牠的影子拖得長長的，牠看到自己的影子，就對自己說：「我既然這麼高大，那一定可以吃到樹上結的果子。有香甜的果子可以吃，能不能吃到白菜，又有什麼關係呢？」

山羊打定主意後便離開了菜園，去尋找果樹。

好不容易，山羊發現遠處有一個到處都是果樹的果園，而且每一棵果樹上，都結滿了又大又漂亮的果子。

牠已經走得又累又渴，隨即朝著果園跑去。

等山羊跑到果園的時候，已經是中午了，剛好是日正當中的時候。這時，山羊看見自己的影子變得又矮又小，不禁嚇了一大跳，心想：「原來我其實這麼矮小，這樣子根本吃不到樹上的果子！還是回去吃白菜算了吧。」

於是，山羊垂頭喪氣又跑回菜園。

等牠跑到菜園的時候，已經將近黃昏了。因為太陽已經偏西，影子又變得很長很長。

這時，山羊又產生信心：「我為什麼一定要回來呢？」牠的心中非常懊惱，自言自語說：「我現在這麼高大，吃樹上的果子是絕對沒問題的啊！」

山羊的影子就跟別人對你的看法一樣。生活的周遭會有喜歡你的人，自然也會有看你不順眼的人，每個人對你的好惡程度不同，連帶著也會影響到他們對你的看法。

要改變這種情形，除了先過濾別人對你個人的好惡，再決定是否接受他的看法之外，根本之道還是在於清楚知道自己的價值。

只有當你眞正明白了自己的優缺點，才能以清楚的頭腦分析別人看法是對是錯，使自己越來越好。

否則，你就會跟故事中的山羊一樣，無法了解自己的眞實面貌，以致進退失據，徒然惹人笑話。

# 適度吝嗇，有何不可？

如果你清楚自己的目標，在完成目標之前，要是有人以吝嗇來嘲笑你，你大可以理直氣壯的承認：沒錯，我就是「吝嗇」！

在一般人的認知裡，「吝嗇」代表著小氣、斤斤計較、不好相處……等，大都是一些負面的印象和評價，幾乎不會有人認爲吝嗇也是有好處的。

但是，吝嗇是不是眞的那麼不好？看過了下面的故事之後，相信你對吝嗇的定義，會有一番不同的看法。

居禮夫人和居禮先生結婚的時候，夫妻兩人住的房子裡，只有兩把椅子，兩個人正好一人一把。居禮先生覺得只有兩把椅子未免太少了，便建議居禮夫人多買幾把椅子，這樣一來，如果有客人來了，才方便招待，讓客人多坐一會。

居禮夫人聽了，搖搖頭對居禮先生說：「多買幾把椅子是沒有關係，可是，如果椅子多了，客人留在家裡面的時間就會長了。我們為了招待客人，勢必會浪費很多時間。為了我們的研究工作著想，還是只要兩把椅子就夠了。」

就這樣過了幾年，這對沒有給自己的房子增加一把椅子的年輕夫婦，卻給化學界增加了兩種嶄新的化學元素——釙和鐳。

到了一九三三年，居禮夫人的名望已經是如日中天，薪水也增加到一年四萬法郎。雖然她已經有能力過富裕的生活，但是她依然「吝嗇」如昔。

每次從國外回來，她總會帶回一些國外首長宴請她的菜單。因為，這些菜單都是用很厚很好的紙張印製的，在這些紙張的背面書寫物理、數學算式非常好用。

除此之外，居禮夫人的一件毛料大衣可以穿二十年之久，而且她毫不介意。有人因此形容居禮夫人「一直到死，還像一個忙碌得不可開交的貧窮婦人」。

有一次，一位美國記者為了訪問居禮夫人這位著名學者，特地來到她居住的小鎮。這位記者向一位低著頭、赤著腳坐在一幢房子門口石板上的婦人打聽居禮夫人的住所時。當這位婦人抬起頭，記者不禁大吃一驚，原來這個看起來毫不起眼的婦人，就是居禮夫人！

其實，居禮夫人並不是吝嗇，只是因爲她很清楚自己的目標是什麼，爲了不浪費額外的時間在她不重視的瑣事上，才會讓其他人誤以爲她很「吝嗇」。

居禮夫人的故事，讓「吝嗇」有了截然不同的意義。她不買新的椅子，是不想被別人打擾她的研究；她使用菜單的背面來計算，是爲了節省書寫的力氣，好用來做其他的事；她一件衣服穿二十年，是因爲她覺得她的頭腦比外表重要，與其花時間裝扮自己，不如用這些時間讓自己做更多的發明貢獻。

由此可知，任何事物都具備正反兩面的意義，要呈現哪一方面的意義，完全操控在你的行爲。居禮夫人用她的行動推翻了吝嗇給人的負面印象，如果你像她一樣清楚自己的目標，在完成目標之前，要是有人以吝嗇來嘲笑你，你大可以理直氣壯地承認：沒錯，我就是「吝嗇」！

# 不要活得像不見天日的土撥鼠

不要讓自己活得像一隻不見天日的土撥鼠，這樣一來，不但你不會覺得生活無趣，也會提升自己的工作效率。

常常有人抱怨自己的生活了無樂趣，其實，生活周遭存在著很多美好的事物，只是因爲我們太過忙碌，或是太過庸碌，沒有時間停下來好好欣賞而已。

長此以往，我們的生命自然只剩下一個空空洞洞的軀殼，只會跟隨著時間而移動、打轉而已。

一個春光明媚的早晨，一隻小鳥正在樹枝上引吭高歌，森林裡到處迴盪著小鳥

清脆甜美的歌聲。

就在這個時候，一隻正在地底下埋頭挖洞的土撥鼠，很不耐煩地從土裡探出頭，大聲對小鳥說：「喂，你能不能不要再唱了，你不覺得你的歌聲很吵嗎？」

小鳥停止了唱歌，回答土撥鼠：「我為什麼不能唱歌呢？你看，森林的空氣是多麼新鮮，春天的景色是多麼優美，陽光又這麼燦爛。能夠生活在這個可愛的世界裡，我實在無法不用歌聲來表達我心中的喜悅啊！」

「是嗎？」土撥鼠充滿懷疑地問：「這個世界會可愛？根本不可能，你不要騙我！我挖遍了世界各地的土壤，只發現了草根和蚯蚓而已，我沒有看過除此之外的其他東西。真的，這個世界沒有你說的那麼好。」

小鳥對土撥鼠說：「那是因為你一直都躲在地底，從來沒有上到地面來看看這個世界。只要你願意爬到地面，看到美麗的大自然景色，呼吸一下新鮮的空氣，你就會認同我的話，這個世界是非常美好的！」

有遠見的人比別人看得遠，視野比別人遼闊，因爲他們懂得用喜悅的心境看待環境，往往能比別人早一步成功。

工作是生命的一部分，但不會是全部。所以，當你像土撥鼠鎮日埋首工作的時候，別忘了偶爾給自己放個假。

在密密麻麻的行程裡，爲自己留一點自由呼吸的時間，不要讓自己活得像一隻不見天日的土撥鼠。

這樣一來，不但你不會覺得生活無趣，也會提升自己的工作效率，日子會變得更充實。

s gonna change my world.

About 30 fire trucks along w
rushed to the scene to bring
control. There were no repo
and the exact cause of the
determined, they said.

PART 6

# 逆境是離成功最近的地方

能在逆境中向上爬的人，
一旦風浪過去，
絕對能比那些只在順境裡待過的人
爬得更高更快。

# 逆境是離成功最近的地方

能在逆境中向上爬的人，一旦風浪過去，絕對能比那些只在順境裡待過的人爬得更高更快。

越困頓的年代，越需要富有的心靈。

老一輩的以教育孩子，總是希望他們勇於面對挑戰，怕他們現在不吃苦，將來吃不了苦會更苦。

荷蘭十七世紀的名畫家林布蘭，是一個最了解「貧窮」的成功者。他從小就生長在一個貧窮的家庭中，父親為了讓他讀書，省吃儉用地籌足了學費，把他送進了大學。

然而，林布蘭並不喜歡讀書，他一心著迷於繪畫，父親用心良苦，又千方百計地把他送去跟著大師學畫。

在學畫的過程中，林布蘭過得十分艱苦。

畫畫的顏料與工具都十分昂貴，林布蘭為了負擔這些費用，只好替一些有錢的先生小姐畫畫像，賺取一些微薄的收入，並且把這些金錢又全部投注於繪畫之中。

日復一日，每當被生活壓得喘不過氣時，林布蘭就愈能激起作畫的興致，用繪畫來營造自己的內心世界，把自己的夢想實踐於紙上。

生活清苦的林布蘭沒有什麼娛樂，只是不斷繪畫。

他作畫的靈感大多來自於童年時期的生活。

林布蘭的父親是一個勤勞的磨坊工人，每天辛苦的推著磨臼，等待日出日落，日子卻還是一樣貧困，無助時也只能向上帝祈禱，祈求神明賜予一家人和樂健康。

這些貧困的記憶成了林布蘭創作的動力，當這些記憶逐漸昇華時，作品裡所呈現的氛圍也就越來越超俗，越來越偉大。

後來，他終於完成了一幅幅的曠世鉅作，如「磨坊」、「下十字架」……等，這些畫作至今仍是世界上最偉大的藝術珍品，被後人所珍藏著，永垂不朽。

老一輩的智慧當中，富含了許多哲理，畢竟吃過苦的人，是經過風吹雨打結成的果實，對挫折、壓力的忍耐度都比溫室裡的花朵強上幾倍，的確是吃得苦中苦，方爲人上人。

因此，幸福時當知足，困苦時也應常樂，越是身處逆境，越是挑戰及考驗，正是訓練你勇氣與能力的機會。

能夠在逆境中堅毅地向上爬的人，一旦風浪過去，絕對能比那些只在順境裡待過的人爬得更高更快。

因爲，只有經歷過貧窮的磨練，了解貧窮的人，才越有能力和動力遠離貧窮。

## 改變環境不如改變心境

也許你正遭遇到前所未有的危機，感到無比的徬徨與不安，但是唯一能夠解救你的人，卻只有你自己。

使我們感到憤怒、懊惱、痛苦、悲傷，或是消磨意志的，往往不是眞的來自環境的困劣，而是我們無法用超然的心境去面對。

與其詛咒黑暗，何不點亮蠟燭？

人生的遭遇變幻莫測，往往喜樂少而痛苦多，現實的殘忍常常使人陷入悲觀的漩渦中，灰心喪氣的情緒不斷累積，久久不能自拔，這正是我們實現夢想的最大障礙。

史迪夫原本是個餐廳經理，卻因為餐廳營運不佳，老闆決定結束營業。這讓他頓時成了失業人口，後來找了好幾份工作，卻始終低不成高不就。

他心高氣傲，不肯屈就於一些低層的工作，可是位階稍微高一點的職位又輪不到他。

就這麼東晃西晃，轉眼間，史迪夫已經失業超過半年了，原本的一點積蓄也所剩無幾，生活越來越困頓。

他的心裡不斷湧起憤世嫉俗的念頭，一方面感嘆自己家裡的經濟環境不好，無法供自己自行創業；一方面又埋怨餐廳老闆，如果不是他經營不善，餐廳也不會面臨關門的下場。

他整天怨天尤人，意志消沉，根本不肯正視眼前的現實。

直到有一天，他一如往常，無所事事地漫步街頭，對面馬路忽然來了一位失去雙腿的殘障人士。那人坐在一張像滑板一般高度的木板車上，吃力地用雙手撐地以維持平衡，為了要走上人行道，用盡力氣的把木板車的前端抬高，使它可以順利地滑上人行道。

這個動作使他與史迪夫的目光相對，但是他完全沒有一點尷尬，反而很開心地對史迪夫說：「今天天氣真好，很適合出來走一走，你說是不是？」

史迪夫頓時恍然大悟，自己有手有腳，卻比不上一個殘缺的人要來得快樂，原因在於自己不肯正視現實，不滿足於自己擁有的一切，所以才不把其他的事物放在眼裡。

了解自己的缺點以後，他重拾往日的自信，悉心地梳裝打理一番，帶著自己的履歷表，決定去應徵一份基層工作。

腳踏實地的重新開始，也許不能平步青雲，但總算是踏出了人生當中最困難的第一步！

俄國作家杜斯妥也夫斯基曾說過：「到處都是生活，生活在我們的內心，而不是外界。」

也許你正遭遇到前所未有的危機，感到無比的徬徨與不安，但是唯一能夠解救你的人，就只有你自己，與其改變外在的環境，不如改變你內在的心境。

無論你過著怎麼樣的生活，其實都是你自己選擇所造成的結果，這個世界不是永遠都是烏雲密佈的，只要讓自己的心向著太陽，你便會得到陽光下的和煦與溫暖。

# 你就是自己最好的心理醫生

最好的心理醫生就住在你的心房裡，你必須了解自己的憂慮，坦然面對，只要下定決心，你也可以重新培養「不憂慮」的習慣。

煩惱總是帶給我們負面的影響，如果不加以改善，久而久之，我們的精神狀況就會出問題。

如果我們懂得在繁忙的工作中尋找真正的效率，那麼也許我們會獲得更多，而且活得更有價值。

這個社會總是要求人們應該越來越好，越來越優越，以致我們的慾望越多，煩惱也就越多。

康克林是一個圖書館的館長。他和大多數成功人士一樣，每天日理萬機，一下子必須處理這件事，一下子又得為那件事操心，總要忙到夜深人靜之後，才可以稍微鬆口氣，得到片刻的平靜。

很多人都曾勸他多請幾個人來分憂解勞，不必凡事都往自己身上攬。康克林並不是個不聽勸的人，底下個個都是人才，他的憂慮不在於乏人輔助，而是事情實在太多，每天都得花上好幾個小時，聽取各方報告並交換意見，一旦大家意見相左，得不到共識時，他便如坐針氈，整日心神不寧。

情緒無法紓解，壓力也就越積越大，康克林終於忍不住去求助心理醫生，希望可以解除心中的煩悶。

醫生建議他說：「既然你的煩惱來自這些會議，何不減少一半的會議時間，讓自己的壓力也減輕一半呢？」

康克林覺得很有道理，於是立刻重新規劃自己的時間，將每天聽取報告的時間減半。這個新計劃一實施，大大提昇了工作效率，也培養了員工們獨立自主的辦事能力，不必事事跟他請益。

現在的康克林，有了更多自己的時間，不必一直生活在緊繃的狀態中，最近還迷上了高爾夫球，偶爾利用休閒時間出外打打球、踏踏青，憂慮減半了，生活也變得多采多姿了。

遠離憂慮的最佳辦法，就是面對你的憂慮。

如果你想要徹底超脫，得到內心眞正的平靜，唯一的方式就是睜大眼睛，勇敢逼視那些你所擔心煩惱的事情，一旦認清事情的癥結，自然就不會再害怕了。

最好的心理醫生其實就住在你的心房裡，你必須了解自己的憂慮，然後坦然面對，憂慮有時只是一種習慣，只要下定決心「放開」憂慮，你也可以重新培養「不憂慮」的習慣。

# 沒有跌倒過，怎能體會爬起來的喜悅

自己學會飛行，才能飛得高、飛得遠。偶爾跌倒受傷，但是傷口會痊癒，痛苦也能平復，我們不都是這樣子長大的嗎？

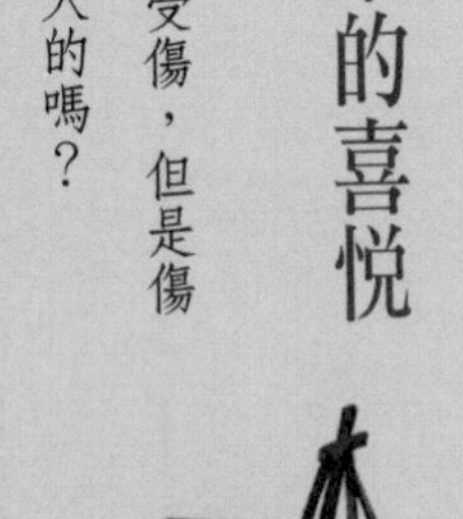

運動員知道，如果自己不接受嚴格的訓練，就不可能有所成就；畫家也知道，如果不勤加鍛鍊，技巧就會開始生疏，也創造不出更高的意境。

各行各業都是如此，傑出的成就都得靠持續不斷地面對挑戰。因此，超越自己的唯一方法，就是經常給予自己新的刺激，擴展自己的視野，別讓自己成了溫室花朵。

有的父母把孩子視爲寶貝，無微不至地加以呵護，幾乎到了用玻璃罩罩起來的地步。

殊不知，這種教養方式，最後只會使孩子淪爲現實社會中的廢人。

強森是家中唯一的獨子，從小備受疼愛，父母親希望好好栽培這個孩子，把所有的期望都寄託在他身上。

家裡的環境雖然不是很富裕，但強森卻過著比有錢人家的孩子更優渥的生活，凡事靠家裡，爸爸媽媽就是供他使喚的傭人，雖然拿到了博士學位，卻連一個電燈泡也不會換。

他的專長是使喚別人，其餘的事情一概不管。父母親呵護備至，捨不得孩子吃一點苦，而且還定期提供他充裕的金錢，造成強森根本無心工作，習慣了依靠家裡過活。

這樣的壞習慣使得他完全沒有一點抗壓性，經常為了一點小事與人爭得面紅耳赤，工作一不如意便立刻辭職不幹，三十好幾了仍沒有固定的工作，人也變得沮喪消極，完全沒有一點自信。

突然間，強森的父親中風住院，家裡原本就不寬裕的經濟更是雪上加霜，龐大的醫療費用令強森的家庭陷入困境，於是他不得不燃起鬥志，開始為生活而打拼。朋友見到他終於醒悟了，紛紛鼓勵支持他，使他振奮精神，努力去做新的嘗試。

強森原本實力就不錯，如今再加上充足的信心，從一家小公司的基層幹起，憑著優異的表現，很快地就升到了主管的位置，可以更從容自在地發揮自己地專長。

經過好幾年的奮鬥，強森總算有了一份穩定的事業，父親雖然身受病魔的折磨，但是知道兒子的成就非凡，不負所望，也感到十分安慰，多年的苦心總算沒有白費。

俗話說得好：「慈母多敗兒」，在備受保護下長大的孩子，不是溫室裡的花朵，就是習慣依賴別人的人。

這樣長大的孩子，其實是很可憐的，因爲他們對外在環境的抵抗力、免疫力完全被剝奪了，因此承受挫折的能力很低。

一旦從閒逸安適的世外桃源來到五光十色的現實環境，從王子公主一下子淪爲平民百姓，很容易造成適應不良的情況，也無法和一般人一樣自信開朗，勇敢接受社會的歷練。

愛孩子，就該勇於放手，讓他們自己飛，只有當他們自己學會飛行，才能飛得高、飛得遠。偶爾跌倒受傷，但是傷口會痊癒，痛苦也能平復，我們不都是這樣子長大的嗎？

## 累了，就休息一下吧！

人如果像個陀螺般不停的旋轉，就會迷失了目標；人如果馬不停蹄地一直朝前方衝刺，就會錯過沿途美好的風景，生活索然無味。

歌德曾經說：「每天使用的精力，絕不超過一定的界限，就對我們的身心不加戕害，或者至少不使疲倦。」

這番話提醒我們，不管我們多麼渴望成功，在工作中付出的精力，都應該以不損害身心健康爲原則。

別忘了，創造性的想法大都屬於懂得思考的人，懂得思考的人知道如何分配自己的時間，不會吝嗇讓自己休息一下。而且，最神奇的是，創意和靈感總是在他們休息的時候，倏然出現在他們的腦海！

英國首相邱吉爾日理萬機，一天工作十六小時以上，即使到了六十多歲，仍保持著良好的生活作息，永遠站在國家的最前線。

人們心目中的邱吉爾，總是時時刻刻容光煥發，沒有一絲倦容。這不禁令人好奇，邱吉爾的工作量如此龐大，肩上的壓力如此沉重，他是如何應付這麼緊湊的生活呢？

答案在於他懂得掌握「走走停停」的藝術。每天早上，他會先在床上將今天的工作內容預覽一遍，把一些瑣碎的報告及電話事先處理好，並把該交代的事項傳令下去。

邱吉爾會把握早晨的黃金時間舉行重要會議，等到會議結束時，正好快到午休時間。吃過午餐之後可以小睡一個小時，為下午的忙碌補充精力。

邱吉爾不像一般人一樣，工作到傍晚就可以結束，而是必須經常忙碌至三更半夜。因此，他習慣在忙碌一個下午之後，睡上一兩個小時，睡醒以後才吃晚飯，這樣就又有精神和工作搏鬥至深夜了。

邱吉爾善於利用精神好的時間工作，精神不好的時候就休息，如此一來，既可以享受充分的放鬆，工作時也有更多的活力。邱吉爾在第二次世界大戰期間，指揮英軍一年又一年打勝仗，秘訣就在於他懂得管理自己的時間。

人如果像個陀螺般不停地旋轉，就會轉得暈頭轉向，迷失目標；人如果馬不停蹄地一直朝前方衝刺，就會錯過了沿途美好的風景，生活索然無味，未戰身先疲累。

適時的暫停，是生活必要的，暫停一下，既可以養精蓄銳，更可以看清方向。

適當的時候做適當的事，是現代人必須掌握的生活步調，好好把握醒著的時光，累了，就休息一下吧！成功的人明白自己能量的極限，不會任意透支自己的精力，或是將之浪費在無謂的瑣事上。

不逞一時之快，爲的是要自己能夠走更長遠的路，只要留得青山在，哪怕沒柴燒？何必透支明天的力氣，來完成今天的事呢？

## 好的結果，來自於好的信念

成功的基礎都源自於相信自己的信念，因此，如果你想要讓自己能夠有所成就，就要先從堅定自己的信念開始做起！

透過許多心理學的實驗結果，我們現在可以很清楚了解潛意識對於我們的影響。其中，「信念」便可以說是潛意識影響我們最明顯的一個例子。

只要我們相信自己一定做得到，潛意識便將這個信念反映在我們的行爲裡，這一點在許多歷史上成功人士的例子裡都表現無遺。

哈佛大學的羅森塔爾博士曾經在加州的一所學校做過實驗。在新學期一開始，他請校長把三位老師叫進辦公室，告訴他們根據過去的教學表現，他們是全校最好的老師，所以今年學校特別挑選了三班全校最聰明的學生讓他們教導。

校長勉勵這三位老師說，這批學生的智商比同齡的孩子都要高，希望他們能因此有更好的成績。

這三位老師聽完校長的話，心中都非常高興。最後，校長還特別叮囑這三位老師要像平常一樣教導學生，不要讓學生或家長知道他們是被特意挑選出來的。

過了一年之後，這三個班級的學生成績不但是全校最優秀的，還比整個學區的平均分數高出許多。

這個時候，校長才告訴老師們，其實這些學生並不是刻意挑選出來的，他們都只是隨機抽選出來的普通學生。

三位老師萬萬沒有想到事情會是這樣，於是只能將結果歸功於自己教學有方。

這時，校長很不好意思地告訴他們另外一個事實，原來他們三個也是從教師中隨機抽出來的，並不是什麼特別優秀的老師。

整個實驗結果就如博士所料：因為這三位老師覺得自己很優秀，對自己充滿了信心，教書也就格外賣力；學生感覺到老師的認真，自然而然也會努力讀書。

就這樣，原本一群普通的人，因為相信自己是最優秀的，結果就真的成為優秀的人。

我們常常會祝福別人「心想事成」，其實這句話裡面就包含了潛意識的作用。因爲當一個人對自己產生了信心，即使失敗也不會因此灰心喪志，這樣當然能夠達成自己設定的目標。

一切成功的基礎都源自於相信自己一定做得到的信念，因此，如果你想要讓自己能夠有所成就，就要先從堅定自己的信念開始做起！

# 掙脫忙碌的假象

如果我們只知道忙碌工作，而不適時放鬆自己的話，隨之而來的壓力總有一天會把我們壓垮。

我們生活在一個緊張而且異常匆忙的時代，不管做什麼事，我們都已經習慣了匆忙的步調。

因爲我們認爲「時間就是金錢」，所以就算是自己的親人，我們也沒有辦法停下來關心他們。久而久之，感覺麻木了，心靈空虛了，連最重要的工作，也會逐漸的失去意義。

古希臘時代的歷史學家希羅多德，曾經詳細紀錄過偉大的埃及國王阿馬西斯的言行舉止。

根據希羅多德的記載，每天天才剛亮，阿馬西斯國王就開始審閱從各地來的公文。然而，一到中午，阿馬西斯國王就會停止所有正在進行的會議或者審判，整個中午都不工作，悠閒地和其他官員、軍隊將領們一起吃豐盛的午餐。

在午餐時間，大家一起講故事、說笑話、玩遊戲和痛飲麥酒，在這個時候，君臣之間該有的禮儀都不重要了。

根希羅多德的記錄，阿馬西斯國王的行為，有時候還比大臣們還要瘋狂！

有一次，阿馬西斯國王的幕僚告訴他，有人對他的這種行為很不滿意，認為國王的行為應該是高尚的、端裝的，這樣才能與王室尊貴的身份相配。

阿馬西斯國王聽完幕僚的話之後，說道：「弓箭手會在上戰場前將弦拉緊，等到戰爭結束後，就又會把它放鬆。因為，如果不放鬆的話，弓弦不久就會失去彈性，等下一次弓箭手需要用它時，它就已經毫無用處了。」

希羅多德沒有在其他政事上對阿馬西斯國王有太多的著墨，但是，根據歷史的記載，阿馬西斯國王統治時期，正是埃及歷史上最繁盛的黃金時期。

如果我們只知道忙碌工作，而不適時放鬆自己的話，隨之而來的壓力總有一天會把我們壓垮。

要是我們學會在忙碌的生活中，找出放鬆的方法，分配出與別人交流的時間，不但能增進人際關係的和諧，我們自己也能適時得到一個喘息的機會。

現代人當然要讓忙碌成爲自己生活的一部分，但是，記得不要讓它成爲全部。

# 把快樂的方向盤掌握在自己手上

真正的快樂應該發自於內心，如果你的心是朝著快樂的方向，那麼，不管環境如何變化，快樂永遠掌握在你的手上。

現代人不快樂的原因，大部分都是源自受制於環境，沒有找到適合自己的生活方式。尤其在經濟不景氣的時候，想要像平常一樣，依照自己的喜好過生活，更是難上加難。

然而，如果你的快樂與否，完全取決於環境的變化，那麼，你必定會離快樂越來越遠。

著名的《伊索寓言》中，有一個關於鄉下老鼠和城市老鼠的故事，頗能給我們一些啓示。

城市老鼠和鄉下老鼠是好朋友，有一天，鄉下老鼠寫了一封信給城市老鼠，信上寫著：「我誠懇邀請你到鄉下來玩，這裡可享受鄉間的美景和新鮮的空氣，生活非常悠閒自在，隨時歡迎你來。」

城市老鼠接到信之後，立刻動身前往鄉下。到了鄉下，鄉下老鼠連忙拿出很多大麥和小麥等糧食招待牠。

城市老鼠一看，對鄉下老鼠說：「你怎麼能一直過這種生活呢？住在這裡，一天到晚只能吃些大麥、小麥而已，其他什麼也沒有！還是到我家來玩吧，我會好好招待你的。」

鄉下老鼠於是就好奇地跟著城市老鼠進城。

鄉下老鼠看到城市老鼠住在豪華的房子裡，心中不禁非常羨慕，想到自己住在貧窮的鄉下，必須從早到晚都在農田上自己尋找食物，連冬天還要到寒冷的雪地上收集糧食，和城市老鼠比起來，鄉下的生活實在太不好了。

城市老鼠帶著鄉下老鼠到餐桌上享受美味的食物，就在吃得津津有味的時候，

「砰」的一聲，有人開門走了進來。

兩隻老鼠嚇了一大跳，馬上驚慌失措地溜進牆角的洞裡，鄉下老鼠還因此嚇得沒有了食慾。

看到這種情形，牠就對城市老鼠說：「還是鄉下平靜的生活比較適合我，這裡雖然有豪華的房子和美味的食物，但與其每天都緊張兮兮地怕被人發現，倒不如回鄉下吃麥子還比較快樂。」

鄉下老鼠就這樣離開都市，回鄉下去了。

故事中的兩隻老鼠，必須生活在自己熟悉的環境中才會覺得快樂，這表示他們的快樂受制於環境，一旦環境發生了變化，心境馬上受到影響，因此算不上真正的快樂。

真正的快樂應該發自於內心，如果你的心是朝著快樂的方向，那麼，不管置身的環境如何變化，快樂的方向盤永遠掌握在你的手上。

掌握自己的心靈方向，得到的快樂才會長久。

# 今天摸魚，明天就會被炒魷魚

日本正受禪師曾說：「最重要的就是今天的心。如果你今天草率行事，明天就會無事可做。」

每個人都渴望成功，可是大多數人最後卻嚐到失敗的苦果。

其實，想要在自己專精的領域成功，並沒有什麼特別的秘訣，也不須處心積慮去學習厚黑伎倆，老是想把別人踩在腳下。

成功的方法只在於尊重自己手頭的工作；成功的技巧只在於對目前的工作全力以赴，如此一來成功就不是那麼遙不可及。

大發明家愛迪生自行開設第一家工廠的時候，遇到一個頭痛的問題，那就是，所有的工人似乎對掛在牆上的壁鐘很感興趣，不但工作的時候，老是抬頭看著時間，而且下班時間一到，便爭先恐後地衝出工廠。

愛迪生為了這個問題苦惱了很久，最後終於想出一個解決的妙策，高興地喃喃自語說道：「愛看，就讓你們看個夠！」

他去買了十六個壁鐘，分別掛在四周的牆壁上，但是，把這十六個壁鐘的時間，調得完全不一樣。

從此以後，再也沒有人工作的時候望著牆壁，也沒人下班時間一到，就爭先恐後地衝出工廠。

日本正受禪師曾說：「最重要的就是今天的心。如果你今天草率行事，明天就會無事可做。」

工作時間喜歡看鐘看手錶，抱怨時間過得太慢的人，有必要牢牢記住正受禪師這番話，因爲，如果你再不改變自己混水摸魚的心態，很快的就會被工作環境淘汰。

即使是從事自己不喜歡的工作，也要試著全心投入，以最大限度去努力，下最深的功夫，呈現最佳的成果。如此一來，說不定這些原本令你覺得厭煩的工作，能激發出生活的新動力！

不要抱怨自己從事的是微不足道的瑣碎工作；無論身處什麼環境，如果你能盡力將自己分內的工作完成，必定會獲得別人信賴，而且可以透過工作來培養自己更上一層樓的實力。

等你累積了一定程度的實力，再試著要求自己去做各式各樣的工作，漸漸的，你就能提昇自己的層次，讓別人刮目相看。

's gonna change my world.

About 30 fire trucks along w
rushed to the scene to brin
control. There were no repo
and the exact cause of the
determined, they said.

PART 7

# 不放棄，就會有運氣

運氣就在我們手中，堅持不放棄，
機會自然會在最佳時刻現身，
讓我們享受成功的甜美滋味。

# 明確地為自己找一條出路

聆聽別人的意見是為了發現自己的缺點，進而讓我們找到修正的入口，接著，在信心的支持下，大步地踏向成功的道路。

在成長的過程中，因爲對自己有所懷疑，所以我們經常徘徊在十字路口，無法果斷地做出選擇。

然而，不論我們產生了多少懷疑，事情始終都要結束，此刻，我們無論如何都要明確地爲自己找到一條出路，因爲，接下來我們就有無盡的明天和可能。

有一名學生剛剛努力地完成了一篇小說，便帶著自己的作品，來請一位作家批評。但是，作家正巧感染了眼疾，無法親自閱讀，於是他請學生將自己的作品讀給他聽。

當學生讀到最後一個字時，忽然停頓了下來。

作家聽見沒聲音了，便問：「結束了嗎？」

不過，在他的語氣裡似乎有種意猶未盡的感覺，而這個小小的提問，竟鼓勵了學生的創作靈感，只見他立即回答說：「沒有啊，接下來將更加精采。」

於是，學生繼續發揮想像，將忽然湧起的創作靈感，慢慢說了出來，而接下來的創意竟讓他有種前所未有的感動。

當他說到一個段落後，這位作家又似非常留戀地問了一句：「結束了嗎？」

學生聽見作家如此問，以為他非常欣賞自己的才華，於是一股莫名的興奮，令他更富於創作想像。

於是，學生的故事幾乎了無止境，他不斷地在作家的反問中，繼續創作、延伸，直到作家家裡的電話鈴聲驟然響起，這才打斷了學生的思緒。

只見作家緊急地掛了電話，便匆匆地準備出門了。

「大師，我還沒讀完小說呢！」學生著急地問。

作家莞爾道：「其實，你的小說早該收筆了！而且是在我第一次問你是否結束的時候，你就應該結束了，後面的根本只是畫蛇添足。寫作有著該停則止的訣竅，看來，你還沒有把握住情節的脈絡，尤其是，缺少決斷的能力。」

作家在踏出門口前，又補充道：「決斷是當創作者的寫作要領，否則文章便會出現拖泥帶水，或是廢話連篇的情況，那怎麼能夠打動讀者呢？」

學生聽了作家的教訓，十分難過，心想：「我的性格如此容易受外在所影響，連作品本身都難逃別人的意見依賴，我看來不是塊當作家的料吧？」

然而，事隔很久之後，這名年輕人遇到了另一位作家，他羞愧地談及往事，卻得到不同答案。

這個作家驚呼道：「你的反應如此敏捷，思維如此敏銳，特別是編造故事的能力那樣強，怎麼不是作家的料？這些可是成為作家們最難得的天賦呀！如果你能正確地運用，我相信，你的作品一定會脫穎而出。」

兩個作家的兩種認定方式，你認為哪一個才是正確的呢？

其實，兩個作家的話都沒有錯。

因為對一個充滿自信的人來說，第一位作家的話語反而會是一種刺激，激勵他勇於突破的決心，而第二位作家的話，則會適時鼓舞他的創作慾望，讓他積極地朝著作家之路前進。

反之，對於沒有信心的人來說，即使有了第二位作家的鼓勵，仍然會在創作的十字路口徘徊，因為，他始終都質疑著自己的創作能力。

生活該怎麼開始，要怎麼前進，技巧無他，只有「自信」與「反省」。聆聽別人的意見是為了發現自己的缺點，進而讓我們找到修正的入口，接著，在信心的支持下大步地踏向成功的道路。

# 失敗者的缺點正是成功的入門

不要像許多失敗者一般，老把陰雨天氣視為休息的藉口，我們要像成功者一般，將陰雨天視為推動生活的另一種動能，積極前進！

成功與失敗之間，往往只多了一個「不」字。

面對問題之時，失敗者總說：「『不』關我的事情。」

每當有新的伙伴出現之時，失敗者的第一個反應，也幾乎是：「我『不』喜歡他。」

他們一再地說「不」，一再地將「不」這個大石頭阻擋在自己的面前，試問，他們的成功目標又怎麼能達成呢？

成功與失敗的差別就只是這麼一線之隔。我們生活的世界似乎眞的不太公平，成功的人會愈來愈成功，只因爲他們常做那些失敗者不願做的事。

阿達曾經在加州接受卡內基的訓練課程，他回憶著那段訓練過程，在日記裡寫下了這麼一段故事：

在這次經理人的領導訓練中，約聘講師阿爾伯特．格里的演講主題是「成功的要素」。

格里是一位很有名的保險業務員，他和我一樣拼了命地工作，努力地想找出成功的方法，也相信只要有高深的學問就一定能成功。但是，花了大半時間努力求學的他，卻慢慢地發現到，有很多高學歷，工作也相當賣命的人，成功比率竟然微乎其微。

於是，他重新檢討學問與努力之間的關係，探討兩者是不是成功的保證，或者這兩項方法可能並非成功的必備條件。

格里寫了一篇很有名的演講稿《成功的公分母》，文中他表示：「我發現成功的人，經常會去做失敗者不願意做的事，而這才是成功的公分母。」

不過，格里並沒有明說，哪些事情是失敗者不願做的事。

但是，我卻很快地意識到格里所說的那些事，因為，只要仔細想想哪些是成功者經常做的事，就能發現失敗者的問題所在了。

首先，成功者經常充滿了熱忱與活力，他們總是主動承擔責任，不會推卸。更重要的是，他們對於很多事物總是深感興趣。

第二是，他們很樂於與人溝通，並懂得充份表達自己的意見，也會專心地聆聽別人的意見。他們不僅渴望與別人分享，甚至還願意和一群人不斷溝通。

其實，我們不妨試著想想，你曾經遇見的失敗者，他們是不是經常特立獨行，且滿臉無精打采的模樣呢？

至於成功者，則很喜歡與人分享成功經驗，而且更樂於幫助別人，更保有著進步、成長的企圖心。

阿爾伯特．格里的成功要素中，不僅提供了我們一個明確的成功方法，更告訴我們：「成功者只是做失敗者不肯作的事而已。」

積極的學習、熱情的溝通與負責的態度，這些都是我們從成功者身上很容易看見的成功特徵；反之，這些不也是許多失敗者最缺乏的，也是人們經常拿來斥責的不足之處嗎？

其實世界變化得很快，今天才剛學會的技術，明天便被淘汰，活到老學到老的觀念，當然是每個追求精采生活的人所必備的生命態度。

不要像許多失敗者一般，老把陰雨天氣視爲休息的藉口，要像成功者一般，將陰雨天視爲推動生活的另一種動能，積極而樂觀地前進！

# 逃避煩惱，不如鍛鍊大腦

既然煩惱是避免不了的，我們所該學的，就是如何從煩惱中找出對自己有益的部分，讓這些有益的部分會成為我們的智慧。

每個人在生活中都免不了會產生焦急、恐懼或苦惱等情緒。

在這個煩惱已經成爲普遍狀態的時代，我們常常會聽到有人勸導別人「忘掉煩惱」。

其實，一味逃避煩惱並不是最恰當的做法，與其逃避煩惱，不如鍛鍊自己的大腦。因爲，只要是具有責任感的人，都不會覺得自己的生活毫無困難，而且，完全沒有煩惱壓力，也未必對我們有益。

偉大的音樂家韓德爾，曾經處境非常困窘，因為生病導致半身不遂，又積欠了許多債務，使得債主要送他進監獄。

韓德爾在這種困境之下，反而刺激他做出生平最大的努力。他開始發狂似地作曲，到了廢寢忘食的地步。

結果在短短的二十天之內，韓德爾完成了流傳至今的不朽巨作「彌賽亞」、以及「哈利路亞」合唱曲。

如果韓德爾在遇到困境的時候，選擇以忘記來面對的話，這不但是他的損失，更是全世界的損失。

不只是韓德爾，莫札特也有在壓力之下完成名曲的例子。

在莫札特的歌劇「魔笛」第一次公演前的最後彩排，劇場的製作人不喜歡第二幕開頭的曲子，所以就要求坐在鋼琴前的莫札特，立刻重新構思新的曲子。

即將上檔的壓力激發了莫札特的靈感，他坐在鋼琴前面振筆疾書，很快的完成了著名的「僧侶進行曲」。

一旦我們能透徹的認識煩惱，那麼，對於它們的存在，我們就會比較容易以達觀的態度接受。

如果你是一個有責任感的人，就不可能一生都不遇到煩惱，或是不爲失敗、挫折而苦惱。

既然煩惱是避免不了的，我們所該學的，就是如何從煩惱中找出對自己有益的部分，讓這些有益的部分會成爲我們的智慧。等習慣了這種方式之後，煩惱所造成的精神負擔，必定會大大減輕。

# 試著想像最壞的情形

有的時候，想得周全，事情處理起來就越不周全。與其整天在工作或生活上患得患失，不如先思考最壞的情況會是如何。

天下無難事，可是有很多人容易在生活中預設立場、劃地自限，把容易達成的事項想得困難重重。

人是會思考的動物，雖然思考可以帶來文明的進步，但是也因爲思考，讓人陷入了鑽牛角尖的情境中。適度的思考，有助於提升我們的智慧，可是如果想得太多，就是杞人憂天，白白浪費自己的精神和時間。

一位精神科醫生，有幾位罹患精神衰弱的病人。他們都是白領階級，因為長期工作上的壓力，以及在工作上患得患失而導致嚴重失眠。

醫生一直用藥物來幫助這些病人，讓他們有比較好的睡眠，可是時間一久，卻發現病人們都有需要加重用藥量的傾向。

這種現象讓醫生很煩惱，他認為繼續這樣治標不治本下去，最後只會害了這些病人，必須想出其他的方法，徹底根治這些人的心病才行。

後來，每一位病人都收到醫生的邀請函，請他們參加為期兩週的「健康營」。醫生規定，每位病人只能攜帶最基本，而且簡單樸素的換洗衣服和生活用具，其他奢侈用品與通訊工具等一律不可以攜帶。

病人集合之後，醫生帶他們到一個偏僻的鄉村，住在非常簡陋的瓦房裡，每天吃的食物也非常寒酸。

白天，男性病患必須到附近工地幫忙施工，女性病患則到一處罐頭加工廠幫忙。剛開始，大家對這些以前從沒接觸過的事物還覺得很新鮮。過了幾天之後，每個人就開始叫苦連天起來。

兩個禮拜過去，醫生將病人集合在一起，鄭重地對他們說：「這兩個禮拜，你們嘗試了和以往完全不同的生活。要是你們以後在工作上遇到困難，或是財務發生問題，想想看，最壞的情形也不過就是像這樣罷了，又有什麼大不了的呢？」

從此，這些病人開始不靠藥物也能睡得著了。不但如此，他們在工作上的信心也大為增強。

會造成想太多的情形，絕大多數都是因爲沒有安全感引起的。尤其在這個變動激烈的社會裡，不論是工作還是生活，都容易讓我們出現不安全的危機意識。

有危機意識其實並沒什麼不好，這能讓我們更珍惜現有的一切。可是，一旦讓危機意識漫無節制地擴大，就會像故事中那些病人一樣，導致自己精神衰弱。

有的時候，想得周全，事情處理起來就越不周全。所以，與其整天在工作或生活上患得患失、提心吊膽的，不如先思考最壞的情況會是如何。

如果覺得最壞的情況是自己可以忍受的話，那就放開心胸，將心力專注於自己的工作及生活之中。

# 不放棄，就會有運氣

運氣就在我們手中，堅持不放棄，機會自然會在最佳時刻現身，讓我們享受成功的甜美滋味。

你還在等待運氣嗎？

你害怕無法靠自己的力量完成目標嗎？

其實，沒有什麼事是做不成的，之所以做不到，與其說是條件不夠，不如說是沒有決心。

你還要繼續等待嗎？

有兩隻老鷹在天空盤旋了很久，牠們都在尋找兔子或山雞，好填飽牠們飢腸轆轆的肚子。

但是，牠們找了很久，卻連一隻老鼠的影子都沒看見。

這時，有隻老鷹實在太累了，忍不住飛回了山岩，懶懶地縮起了脖子，闔眼休息。但是，另一隻老鷹卻不願放棄，仍然睜大了雙眼，繼續在高空盤旋，並一圈又一圈地勤奮尋找。

終於，牠看見了底下的草叢正隱隱地騷動著，忽然，有隻肥美的兔子跑了出來。只見敏捷的老鷹迅速地往下衝，片刻間，兔子已被老鷹捉在雙爪上了。

當牠叼著戰利品來到夥伴的身邊時，這隻提早放棄的夥伴，用十分羨慕的眼神說：「你運氣真好！」

抓著兔子的那隻老鷹，聽見夥伴的羨慕聲，便若有所思地說：「也許是吧！不過，我發現，運氣似乎比較喜歡那些不辭辛勞、能夠堅持的人耶！」

看完了這則寓言故事，在你心中有著什麼樣的啓發？

「人生沒有所謂的運氣！」這是抓到兔子的老鷹，想告訴你我的生活觀念。

成功不是偶然，沒有踏實的付出，我們永遠都得不到結果，而構成好運氣或壞運氣的結果，決定權也操控在我們手中。

所以，能堅持不放棄，我們自然能看見成功的好運氣，如果一遇到挫折便退縮，那麼失敗的壞運氣當然也是自己所造成。

不放棄，運氣便永遠都掌握在我們手中，堅持不放棄，機會自然會在最佳時刻現身，讓我們享受成功的甜美滋味。

# 快樂地從挫折中學會教訓

在成長的過程中，無論我們有了多少慘痛經歷，那始終都是組成你我人生的最好鋼架，所以別害怕小小的擦撞。

試著用微笑面對困難，或把挫折視為生活中的一種享受，我們就會發現，人生果然處處充滿新奇，也會發現，原來用簡單的童心來面對事情，更能輕鬆解決的問題。

今天，老師要求大家輪流上台說故事，並且在說完故事後，說明故事中的教訓。

蘇姬是第一個上台演說的學生，她說：「我父親有個養雞場，每個星期我們都要把雞蛋放進一個籃子，運往市場去賣。不過，有一天當我們行走在凹凸不平的路面時，一不小心，雞蛋忽然從籃子裡飛了出來，全都碎了。」

小蘇姬說完故事，略略停頓了一下，接著說出她的寓意：「從中我們知道，不要把所有的雞蛋放在一個籃子裡。」

接下來，說故事的是露西。

她說：「我爸爸也有一個養雞場，有一天，我們把十二顆雞蛋放進孵蛋器裡，但是最後卻只有八顆蛋孵出小雞。」

「嗯，這個故事的教訓是，不要在蛋還沒孵完前，就認為全部雞蛋都會孵出小雞來，我想如意算盤往往不可靠。」露西認真地說。

最後輪到比利了，他側著頭說：「我的叔父是個空軍軍人，他曾經在一場戰役裡被敵人擊落。還好，他靠著降落傘平安地落於一個小島上，當時，他身上除了一瓶威士忌酒外，什麼東西都沒有了。」

接著，比利把身子挺直後又繼續說：「當時，叔父還被十二個敵人包圍呢！不過，就在他喝下那瓶威士忌酒後，他赤手空拳把敵人全都打死了。」

這時，老師讚嘆地說：「你叔叔很了不起，不過，你從這個故事裡得到什麼教訓呢？」

「教訓？」比利想了想，然後說：「我的教訓是，當叔父喝酒時，千萬不要打擾他。」

小朋友的天眞與想像力，讓習慣於沉重表現的啓示，頓時間顯得輕鬆活潑了起來。

但是，即使童言童語，孩子們的想像力仍然充滿了另類省思，一個「不要把雞蛋放在同一個籃子」，一個則是「凡事不會盡善盡美」，最後的比利更是可愛，因爲他從叔叔的故事中，學習到了「與人溝通」的反面教育。

相信，在小利比的心中是這麼思考的：「因爲叔叔喝完酒後，會情緒不佳，力大如牛，所以不可以打擾他。」

小朋友用最直接的感覺和認知，去面對他們所遇到的困難或問題，無論他們得到了什麼樣的結果，每一個都會是最難得的自我省思。那麼，複雜的大人們在面對問題時，都會怎麼思考呢？是複雜地質疑著問題裡的陷阱，還是簡單地面對並積極解決呢？

在成長的過程中，我們無可避免地歷經種種困難，也無法避免地要承受種種痛苦和悔恨，然而，無論我們有了多少慘痛經歷，那始終都是組成你我人生的最好鋼架。所以，別害怕小小的擦撞，我們可以像孩子們一般，輕鬆以對，然後簡單快樂地分享其中的所得。

# 懂得放棄才能掌握契機

「放棄」不見得都是負面的，它也是一種豁達的生命態度，懂得捨棄一些不必要的羈絆，才能讓出更多的空間容納新機會。

聰明的捨棄不失爲一種理性的表現，若能明快地做出決定，把握最佳時機，學會果斷放棄，確實是生活中的一門重要課程。

有一頭被人馴化的牛，因為受不了繁重的工作，忍不住和狗友人抱怨：「每天工作量這麼大，生活又單調極了，唉，這樣的日子真不好過。」

大狗聽見牛朋友的抱怨，忍不住說：「說得也是，不然，我們逃離這個地方，到深山或曠野中過自己的日子，如何？」

牛一聽到這個建議，興奮地說：「好，好，我們去別的地方，享受自由自在的日子。」

於是牠們約定，趁著深夜時分一同逃出農場。

晚上，大狗準時出現在牛舍門口，牠輕輕地呼喊著：「喂，大牛啊，你準備好了嗎？」

牛這時卻說：「不行啦，你快來幫我解開繩子啦！」

大狗聽見牛的求助聲，立即來到牠的身邊，並仔細觀察了牛鼻上的繩子。大狗說：「我得先將繩子咬斷才行。」

但是，牛卻阻止牠說：「不行，你還是從木樁上將繩子解開啦！這是條很好的粗繩，我一旦離開了這裡，就什麼都沒有了，除了這條繩子，所以我一定要帶走它。」

大狗只好聽從牛的話，設法將繩子從木樁上解開，不過繩子雖然解開了，卻仍然緊緊地繫在大牛的鼻子上。

接下來，牠們立即往門口衝去，希望能一股作氣，逃出這座農園，只見大狗拼了命地往前狂奔了一段路，忽然，牠卻發現大牛沒有跟上。於是，牠停了下來，並回頭尋找大牛。

大牛果然沒有跟上，而且還被農場主人捉了回去。

原來，大牛因為拖著繩子不放，反被繩子所牽絆，牠還沒有逃出農場，便因為繩子被路邊的一塊石頭所纏絆。

滿臉哀怨的大牛，只得乖乖地被後面追來的主人牽了回去。

在東方禪修課程中，許多人的第一課就是「捨」字。

故事中執著的牛，因爲不捨才帶來了牽絆，反思現實生活中的自己，是否也曾經因爲無法果決捨棄某項事物，而讓自己一直囚困在某處，無法前進呢？

回到現實生活中，如何果決地「捨」，是我們應當時時學習的課程，「放棄」不見得都是負面的，它也是一種豁達的生命態度，懂得捨棄一些不必要的羈絆，才能讓出更多的空間容納新機會。

# 失敗了就要負責

當失敗的事實出現在眼前，就別再回頭尋找失敗理由和藉口，眼前最重要的事，是儘快地調整腳步，彌補失敗所造成的缺口。

我們每天都會面對不同的成功與失敗，然而不論結論是哪一個，始終是一時的結果。

不論成功或失敗，只要我們能坦然面對，並負起成敗的責任，不論最終得到的是歡呼聲還是斥責聲，下一步，我們都必定是踏實、成功的未來。

有三位愛好登山的老朋友，在某年的初冬時節，再次結伴攀登內華達州一處峭壁。出發之前，山上的天氣相當晴朗，然而，當他們開始攀爬山壁後，老天爺似乎有意與他們作對，才爬到了一半，天氣竟然冷不防地開始變了。

氣溫驟降，濃霧慢慢地結成了霜雪，這讓垂直的岩壁變得越來越濕滑，三個人的攀爬動作也越來越艱難。

於是他們三個人，決定以登山繩相連，然後再分別敲開岩上的堅冰，分工將鋼釘打入，接著勾上繩子，慢慢地逐步往下垂降。

就在這個時候，有一個人的鋼釘突然鬆了，在無法攀援的冰壁，只見他手腳一滑，隨即墜落下去。所幸，身上的繩子與另兩位朋友相連，所以他沒有直墜山谷，反而吊在半空中。

另兩位老朋友用盡了一切力量想將他拉起來。但是，在這垂直的岩壁上，再加上鋼釘有限，使得這位半吊空中的友人，因為找不到可以支持力量的東西，無法從山壁邊著力，再攀爬岩壁。

忽然，懸在半空中的友人嘶聲哀求著：「你們救不了我，快把繩子割斷，讓我走吧！」

只見另兩位朋友含著淚，不發一語地搖著頭。

懸在半空的人再次哀求著：「與其留在這兒凍死，或隨時有一塊摔死的可能，你們不如讓我一個人走吧！要怪只能怪我自己失手，讓我走吧！」

兩個友人相互看了一眼，然後三個人再次地互相凝視了一會兒，最後他們終於做出痛苦的決定，割斷了繩子。

半吊空中的友人頓時筆直墜下，沒有哀號。

寒風中，兩個人終於安全地返回地面，返家之前，他們先一塊兒到死者的家中慰問。面對友人告知惡耗的至親，從歡迎喜悅的神情瞬間變成蒼白。

特別是他的妻子，聽完丈夫的情況，整個人頹然地坐下，也不再多問，現場沒有哭號聲，只有寧靜，最後她只淡淡地說了一句話：「只怪他失了手！」

「看淡失敗結果，負起失敗者的責任！」這是故事中想表達出來的沉重啓示。

「只怪他失手」五個字看起來的確冷酷無情，但是，除了坦然面對已經發生的結果，再多的怨天尤人或悔不當初，也無法改變已經發生的事實，不是嗎？

現實生活中，我們很幸運地不必面對這樣的生死抉擇，然而解決生活上的大小瑣事，我們不也應該抱持著像故事中的登山者的態度，忘記得失，並負起自己應負的失敗重責嗎？

當失敗的事實出現在眼前，就別再回頭尋找失敗理由和藉口，因爲我們眼前最重要的事，就是儘快地調整自己的腳步，彌補失敗所造成的缺口。

畢竟，人生不是只有這一時的失敗結果，生命最重要的是你我準備跨出的下一步，未來的每一步。

別再沉緬過去，坦然且樂觀地面對未來，才是聰明人的生活態度，即使失敗，也要快樂地面對。

# 壓力，是進步的動力

鑽石如果沒有透過高溫、高壓，依然是一顆普通的石頭，以樂觀的態度去面對壓力，壓力就能將你琢磨成一顆鑽石。

根據動物學家的研究顯示，野生兔子的平均壽命，遠比被人類豢養的兔子壽命還要多四至五年左右；牧場中的牧羊犬平均年齡大約二十七歲，而人類飼養的狗，平均年齡只有十二歲左右。

在野外生活的大象，最長可以活到兩百歲，而動物園飼養的大象，年齡最長差不多八十歲左右。

爲什麼野生動物比人類飼養的動物壽命還要長？

原因很簡單，因爲野生動物爲了生存，必須靠自己捕食，爲了不成爲其他動物的食物，不得不常常保持警覺，以保護自己的安全。不像人類飼養的動物，生活過於安逸而喪失了原始的本能。

在美國阿拉斯加的自然生態保護區裡，原來有很多的鹿群以及狼群。後來，人們為了保護鹿群，而展開驅逐狼群的計劃，結果鹿群因為少了狼群這個天敵，生活變得平穩，以致於鹿群大量激增，導致食物不足，便大批死亡。為了找回鹿群的生機，只好把狼群再找回來追逐捕食鹿群，從此鹿群又開始恢復原有的數目。

這個例子說明一個道理：沒有壓力，就沒有進步的動力。野兔的生命之所以比家兔長，就是因為牠們要靠自己才生存的下去；在生存的壓力下，不得不發展出一些潛能。

同樣的道理，鹿群之所以大量死亡，也是因為喪失了求生存的壓力，太安逸的結果，反而造成悲慘的下場。

動物尚且如此，我們人又何嘗不是呢？如果我們的環境都毫無變動的話，可能時至今日，人類還是過著原始的穴居生活。

鑽石如果沒有透過高溫、高壓，依然是一顆普通的石頭，以樂觀的態度去面對壓力，壓力就能帶給你正面的效果，將你琢磨成一顆鑽石。

因此，不要害怕面對壓力。不要忘記：也許壓力是別人製造的，但是你仍然有權力，選擇讓它帶給你進步的動力。

s gonna change my world.

About 30 fire trucks along w
rushed to the scene to bring
control. There were no repo
and the exact cause of the
determined, they said.

PART 8

# 接受挑戰，才能戰勝挑戰

挑戰，其實沒有想像中可怕，
如果你不是具備了一定的能力，
沒有到一定的境地，
這些挑戰又怎麼會出現在你的生命中？

# 別讓安全感阻礙了你的進步

如果你從來不做自己能力範圍以外的事，也許你從來不會出錯，但是你也因此缺少了讓自己更上一層樓的機會。

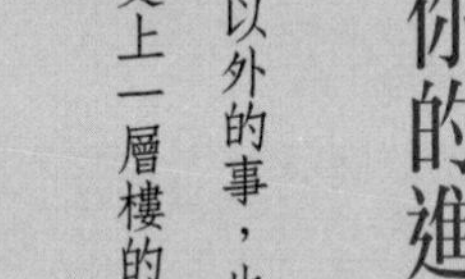

所謂的成功，並不在於擊敗多少對手，而是你是不是能超越目前的自我，讓自己的成就到達更高的層次。

想要超越自己，就得經常給予自己新的刺激，擴展自己的視野，別讓自己因爲小小的成果而志得意滿。

一旦超越自己的信念消耗，你就會失去繼續前進的動力。

有一位音樂系的學生，接受一位新的指導教授指導之後，每一天都必須彈奏一首超高難度的樂曲。經過了三個月的時間，這個學生對自己演奏鋼琴的信心已經跌到谷底。

這個學生實在不明白，為什麼教授要以這種方式來整人。

這位教授是極有名的鋼琴大師，從上課的第一天開始，他就給學生一份高難度的樂譜，學生彈得非常生澀而且錯誤百出。

教授在下課的時候，總是要學生回家好好的練習。

學生苦練了一個星期，等第二次上課時準備讓教授驗收成果，沒想到教授又給了他一份難度更高的樂譜，上星期的課教授一句話也沒提。學生只能再次向更高難度的技巧挑戰。

從此以後，這樣的教學方式成了慣例。學生每一次在課堂上都要彈一份比之前更難的新的樂譜。

因為怎麼樣都追不上進度，所以學生一點也沒有因為一星期的苦練而有駕輕就熟的感覺，反而感到越來越不安、沮喪和氣餒。

三個月之後，學生再也忍不住了，向指導教授提出了嚴重的抗議。教授面對學生的抱怨，一句話也沒說，只是讓他彈奏之前練習過的樂譜。隨即，學生發覺自己居然能將原先覺得很困難的曲子彈得如此流暢！

這個時候，教授對學生說：「如果，我任由你表現最擅長的部分的話，你到現在都還在練習最早的那份樂譜。如此一來，你根本就不會有現在這樣的程度出現。」

在工作的時候，總會有些只要上司指派了稍微困難的工作，就因此而愁眉苦臉、抱怨不停的人。這些人抱怨的原因，往往是因為工作的內容超出自己的能力範圍。

當他們在抱怨的時候，似乎忘記了自己現在的能力，不也是經過許多不同的工作累積出來的嗎？

如果你從來不做自己能力範圍以外的事，也許你從來不會出錯，但是也因此缺少了讓自己更上一層樓的機會。這樣一來，你就永遠不會知道自己存在著多大的潛力。

# 只要還有希望，就不會有盡頭

人生只要還有希望，就不會有盡頭，別用藉口蒙蔽自己的信心，如果都有放棄的決心了，為什麼沒有勇氣再去試一試？

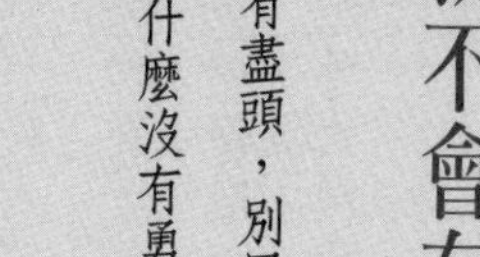

每個人的人生，就像四季循環一樣，事實上是充滿變化的。重點在於，當暴風雪的季節到來，你抱持著什麼心態渡過生命的冬天。

美國作家德萊塞在《嘉麗妹妹》中寫道：「只要你對人生還抱著希望，你的幸福就有實現的一天。」

確實，希望是支撐一個人活下去的支柱，信心則是追求幸福的動力。

瑪姬原本是個快樂的小婦人，往好處想，她是個很容易知足的人，但是說難聽一點，她簡直是好逸惡勞。

她的老公是個事業有成的中年人，定期拿著大筆的薪水回家。她也因此過慣了養尊處優的生活，把家事交給傭人一手包辦，整天只曉得逛街購物，偶爾打打高爾夫，她一直認為，這麼恬適安逸的生活，是一件理所當然的事。

不料，瑪姬的老公生意失敗，受不了打擊便自殺了，留給她的只有大筆的債務和兩個年幼的子女。

瑪姬四處求助無門，生活一天比一天貧困，為了不讓孩子挨餓，只好一肩扛起家計。

她每天早上在孩子上學後，到有錢人的家裡幫傭做一些雜務。到了晚上，孩子們放學回家後，瑪姬替他們料理好晚餐，就匆匆忙忙地趕做下一份工作，挨家挨戶地替社區收拾垃圾，賺取微薄的清潔費用。

就連假日的時候也沒閒著，她替大樓清潔樓梯、窗戶，原來懶惰的個性一掃而空，變得勤奮又努力。

儘管生活辛苦，她總算也有了一項專門的技能，清潔打掃的技術成了她的生財利器。

有了穩定的收入後，她把錢投資在清潔用具與印刷傳單上面，為更多有需要的家庭服務。

她了解職業婦女無暇料理家務的難處，因此更將心比心，把瑣碎的家事處理得無微不至。終於，她的訂單越接越多，生活也有了很大的改善。

由天堂掉入地獄，瑪姬深深的體會到，只要肯努力，無論身處天堂或地獄，生活，是靠自己的雙手創造的。

法國文豪羅曼羅蘭曾經說過：「一個不能打敗自己的人，便是自己最大的敵人。」

確實，很多人失敗，通常是輸給自己，而不是輸給別人，因此，想要成功，就必須先學會檢討自己，戰勝本身的消極、怯懦、怠惰……等等缺點，才能以更多優點來面對詭譎多變的人生。

千萬不要忘記，只有你才是自己最親密的敵人。

事在人爲，人不可能永遠站在高處，也不會一直位於低處，高上或低下，完全在於你如何自處。

一個有智慧的人，可以做到在高處時不得意，處低處時也不失意，能屈能伸，用雙手來打造一片天。

人生只要還有希望，就不會有盡頭，別人做得到，你也一樣做得到，別用似是而非的藉口蒙蔽自己的信心，如果都有放棄的決心了，爲什麼沒有勇氣再去試一試？

故事裡的主角，往往都是到了山窮水盡時，才肯改變，但是我們活在現實生活中，是自己的主人翁，可以掌握自己的命運。現在開始正是時候，何必一拖再拖，非要等到走投無路時才肯覺悟呢？

# 接受挑戰，才能戰勝挑戰

挑戰，其實沒有想像中可怕，如果你不是具備了一定的能力，沒有到一定的境地，這些挑戰又怎麼會出現在你的生命中？

眞正的成功者，經常是那些勇於超越自己的人。

也許你沒有顯赫的家世背景，也沒有令人羨慕的耀眼學歷，但是，只要你願意挑戰自己，進而超越自己，將每一個挫折都當作成功的起點，照樣會有輝煌的成就。

曾經叱吒風雲的拿破崙說過：「輝煌的人生，並不在於長久不敗，而在於不怕失敗。」

的確，人生最大的光榮，不在於永不失敗，而在於屢仆屢起。只有具備不怕失敗的勇氣與鬥志，才可能打造最成功的自己；一個不敢迎接生命中的各種挑戰，也不會從失敗中尋找教訓的人，他的成功之路終將遙遙無期。

紐約有座辛辛監獄，是個惡名昭彰、醜聞滿天飛的地方。

有一次，辛辛監獄的典獄長職位正好出缺，州長屬意一位年輕的小伙子，認為這是一個很好的磨練機會，於是把他請了過來，詢問他出任的意願。

這名小伙子就是當代最著名的典獄長路易斯，那時他才初出茅廬，對於能夠一下子躍升為典獄長，當然感到興奮不已。

但是，辛辛監獄是一個十分危險的地方，任何人去了都沒有好下場，其中還有一位典獄長的任期只維持了三個禮拜。

路易斯心想，如果自己在辛辛監獄沒有一番作為，肯定會被列入黑名單，很難有翻身的日子。

為了將來的前途著想，路易斯顯得十分為難。

州長早已看穿了路易斯猶豫不決的原因，他並沒有責備他不識抬舉，只是笑了笑，輕描淡寫地對他說：「那真是一個不容易對付的地方，所以才需要一個大人物去坐鎮啊！」

這句話點燃了路易斯的鬥志，他不再逃避，而把這件差事視為一種挑戰，做足了完全的準備然後勇敢上陣。

果然，他的表現相當出色，打破了歷史的紀錄，自從他任職之後，就再也沒有離開過。

路易斯接受了挑戰，最終也戰勝了挑戰。

人生是充滿挑戰的，這些挑戰猶如一道道的關卡，你如果不跨過去，就只能停在那裡，無法超越自己。

這些挑戰，其實沒有想像中可怕，如果你不是具備了一定的能力，沒有到一定的境地，這些挑戰又怎麼會出現在你的生命中？

遇到這些關卡，是因爲你已經具備了某種條件，夠資格來應付這些關卡，那又何須妄自菲薄，缺乏信心的落荒而逃呢？

即使失敗了，那也不過是一次的失敗而已，一旦成功了，卻是人生的一種大躍進，因此試試又何妨？

只要盡心盡力，得失其實並沒那麼重要。

每一個關卡，都是人生的轉捩點，你可以拒絕一項挑戰，但你也同時錯失了一次超越自己的機會。

# 自私的結果，往往會落在自己身上

既然自私是無法避免的人類天性，我們所能做的，就只有將自私帶來的壞處減到最低的程度。

自私自利不管在古代還是現代而言，都是一個普遍的社會現象。很多人爲了自己的利益和前途，不擇手段的打擊別人，或者對自己以外的事物不聞不問，漠不關心。

這兩種態度都是現代人自私的表現方式。

雖然有人會認爲自私是人的本性，但是以這個理由將自私的行爲合理化的結果，只會讓自己的生活陷入因爲自私而帶來的困境。

越戰結束時，有一個被徵調到越南打仗的士兵打電話給他的父母，對父母說他已經退伍，很快就可以回家跟他們團聚。

父母聽到兒子說的這個好消息，當然非常高興，在電話中表示希望他越快回家越好。

士兵告訴父母說，有一個在越南跟他一起作戰的戰友也要和他一起回來，父母聽了當然表示歡迎。

可是，士兵接著對父母說，他的這位戰友在戰爭中失掉了一條腿和一隻手臂，希望父母能接納這位戰友，和他們一起共同生活。

士兵的父母聽完士兵的敘述，告訴士兵說，雖然他們很歡迎他的戰友來家裡，可是他們沒有辦法接受跟他一起生活。

父母說，只剩下一條腿和一隻手臂的人，只會造成家人沈重的負擔，他們沒有辦法跟殘廢的人共同生活。最後，父母建議士兵要這位殘廢的戰友設法解決自己的生活問題。

士兵聽完父母的話之後，就把電話掛了。

誰知道，過了幾天，警方竟然找上門，通知士兵的父母，說他們的孩子在他們家附近自殺了。

傷心欲絕的父母趕忙前去認屍，令他們大為震驚的是，他們的孩子只有一條腿和一隻手臂！原來，士兵在電話裡提到的在戰爭中失去一條腿和一隻手臂的戰友，就是說他自己。

既然自私是無法避免的人類天性，我們所能做的，就只有將自私帶來的壞處減到最低的程度。降低壞處最好的方法，就是改變我們的思考方式，不要只顧著自己的立場，也要記得換個角度替別人著想。

也許，這並不是一件容易的事，可是一旦我們能夠做到這一點，就能夠避免自私自利所帶來的傷害。畢竟，自私自利或許會帶來暫時的好處，但那是不可能會長久的。

# 你的雙手，就是最好的幫手

在苦難貧窮、困厄危急時，不必仰望他人，也用不著怨天尤人，先從自己做起，你也可以是自己最大的救星。

這個世界眞的有上帝嗎？

如果有的話，那爲什麼我們在苦難、貧窮、困厄、危難時，祂卻又遲遲不出現呢？於是，許多遭遇失敗挫折的人不禁要問：「上帝啊，請你告訴我，你到底在哪裡？」

一位年輕的牧師，帶著對上帝的誠摯信仰來到了非洲，希望能夠救助那些處於水深火熱之中的人們。

雖然他在出發之前，就已經對非洲的貧窮落後有了初步的認知，但是現實情況的惡劣仍然大出他的意料之外。

那裡缺乏水源、缺少食物，連基本的醫藥器材都沒有，生病的人大致都來不及救，沒有食物的人更是多得數也數不清。

面對種種惡劣的情況，牧師體認到自己的渺小，灰心地認為自己微薄的力量幾乎發揮不了作用，不知道還有什麼事情可做。

一天，牧師走在街上，看見一大群流浪的兒童，個個臉色鐵青，骨瘦如柴，瞪著一雙骨碌碌的眼睛，又飢又渴地望著來來往往的行人。

有位好心的人士隨手扔了一塊麵包給他們，他們立刻一窩蜂擁上前去，為了搶得一小塊麵包而扭打一團，誰也不肯讓誰，搶到了一小塊就馬上往嘴巴裡塞，生怕再被別人搶去。

牧師目睹了這一幕，不由得悲從中來，感到十分沮喪，不明白上帝到底在哪裡？他懷疑，上帝怎麼會忍心讓這一切發生呢？

「上帝啊！如果你真的存在，就請您救救他們吧！」

牧師在心裡默默祈禱著，然後，他清清楚楚地聽到一個聲音說：「我不是已經在救了嗎？不然，你又怎麼會來到這裡呢？」

他知道，那是上帝的聲音。

原來，上帝就在人間，上帝派來的天使處處都是。

如果只是在那裡苦苦等待，默默祈禱，期待別人伸出援手，爲何不低頭看看自己？

你也有兩隻手，這就是最好的幫手了。

人的力量也許渺小，但只要努力，卻足以創造出奇蹟，因此與其詛咒黑暗，何不點亮蠟燭？

在苦難貧窮、困厄危急時，不必仰望他人，也用不著怨天尤人，先從自己做起，你也可以是自己最大的救星。

# 別讓腦袋長滿青苔

唯有讓你的頭腦成為一顆滾動的石頭，時時充滿創意，你才不會被時代的洪流所淘汰。

我們常常會聽到周圍的朋友或同事遇到比較困難的事情時，第一句話大部分都是：「我做不到。」

當然，因爲我們不是超人，有做不到的事情是必然的。

但是，有很多時候，我們做不到的原因，不是我們不會做，而是因爲我們不願意面對挑戰。每天只做相同的事情，這種一再重複的生活模式造成我們的錯覺，一遇到自己不熟悉的事情，就以爲我們眞的做不到。

如果一隻狼要帶好幾隻小狼過河的話，牠會怎麼做呢？

以一般常識來判斷，我們會認為，狼一定會把小狼一隻一隻叨過去，但是，事實並不是如此。

動物學家告訴我們，狼為了怕小狼在渡河時受到突來的攻擊或傷害，會先咬死一隻動物，然後向這隻動物的胃吹氣，讓這隻動物成為一個充滿空氣的氣囊，然後再藉著這個氣囊，讓全部的小狼都可以一起過河。

在動物的世界裡，狼是一種非常聰明的動物，如果讓一隻狗與一隻狼互相搏鬥，輸的那一方肯定是狗。

狗與狼屬於同種的動物，牠們之間的體型也不分上下，你一定很好奇，為什麼輸的一定是狗呢？

動物學家曾經就這個問題，對狼和狗進行長期而仔細的研究。

研究結果發現，經過人類長期豢養的狗，因為不需要面臨生存的危機，所以腦容量遠遠比狼來得小。

而長期生長在野外的狼，為了在競爭激烈的自然環境中求生存，因此牠們的大腦開發程度，是狗所比不上的。

長此以往，狼不但深具隨機應變的能力和敏銳的觀察力，生存智慧也超乎尋常動物。

有一句諺語說：「滾動的石頭不生苔。」

如果把頭腦比喻成石頭，那麼，我們就必須常常尋找新的刺激，從一成不變的生活中跳脫出來，不讓自己被固定的觀念、價值、法則困住，如此，大腦就會跟一顆一直轉動的石頭一樣，永遠保持它的光滑明亮。

唯有讓你的頭腦成為一顆滾動的石頭，時時充滿創意，你才不會被時代的洪流所淘汰。

# 妳也可以成為暢銷作家

俄國文豪高爾基在《懺悔》一書中寫道：「要使幻想中的宮殿變成現實的宮殿，必須通過埋頭苦幹、不聲不響的勞動，一磚一瓦地去努力建造。」

俄國文豪高爾基在《懺悔》一書中曾經寫道：「要使幻想中的宮殿變成現實的宮殿，必須通過埋頭苦幹、不聲不響的勞動，一磚一瓦地去努力建造。」

事實證明，絕大多數的成功人士，並不必然比別人更聰明、更有才華，但是，一定比別人更堅韌，更有毅力。

至於絕大多數的失敗者，也不見得比別人愚蠢駑鈍，只是他們一味羨慕、嫉妒別人成功的表象，不肯腳踏實地去努力，或是在模仿過程中迷失了湛然自我。

在某個社交場合，美國幾個出版界的大亨齊聚一堂，談論最新的出版趨勢，並聊到幾個女暢銷作家的成名過程。

其中，一位陪同丈夫出席的貴夫人，不甘打扮得雍容華貴的自己遭到冷落，便以充滿醋意的口吻說：「哼，這有什麼了不起？她們只不過是運氣比別人好罷了。」

這位貴夫人並舉一個例子，繼續說道：「例如，暢銷書《飄》的作者密契爾，不就是靠媒體炒作，而一夕成名的？我只是不想寫作而已，不然的話，我也會成為一個超級暢銷作家！」

這時，一位出版大亨插嘴說：「妳講的沒錯，可是，妳可能不知道，密契爾小姐在成名之前，每天寫作寫到天亮，而且連續寫了十八年。要是妳能連續寫十八年，當然會變成暢銷作家。」

的確，即使文筆再差的人，只要肯孜孜不倦地鍛鍊自己的文筆，每天寫作寫到天亮，而且連續寫了十八年，自然而然就會像密契爾一樣，變成暢銷作家。日本名歷史小說作家山岡莊八費了十八年時間寫成不朽的名作《德川家康》，就是最好的例證。

有位哲人曾經寫過一段發人省思的雋語：「昨天的輝煌並不能證明今天的價值，明天的燦爛也無法減輕今天的痛苦。一味沉浸在昨天影子中的人，未來必定不會屬於他們；而把全部幸福和希望都寄託在明天的人，明天將永遠只能是明天。」

如果你想要獲得成功，就要緊緊把握稍縱即逝的時光，把自己全部的熱情與心血都傾注到當下。

無論今天是陽光燦爛還是陰雨連綿，無論目前自己是一帆風順還是崎嶇坎坷，爲了完成自己的理想和志向，該拼搏時就要奮勇拼搏，該有所犧牲的時候，就要無畏無懼地犧牲。

## 有肚量才不會消化不良

與其把那些不愉快的情緒硬往肚子裡吞，不如學會將這些情緒消化成屬於自己的養分。

在工作場合中，你總是無可避免地會碰到一些怎麼樣都跟自己合不來的人，不是這個人的個性讓你不敢領教，就是那個人老愛跟你唱反調……等等。

這些人也許是你的同事，也許是你的客戶，或者是你的老闆。爲了保住自己的飯碗，你只好硬著頭皮笑臉迎人，把厭惡的情緒硬「吞」進肚子裡。但是，這樣的處理方式，不但解決不了問題，只會讓自己「消化不良」而已。

有一個家庭，在父親去世之後，從人壽保險公司獲得了一萬美元的理賠。母親想用這筆錢讓全家搬離貧民區，住進一棟有花園的房子；女兒則想利用剩下的錢，實現去醫學院讀書的夢想。

這時，兒子卻提出要求，希望拿這筆錢和朋友一起開創事業。他告訴母親，這筆錢可以使他成功，不但能讓母親實現住進花園洋房的夢想，也能讓妹妹進入醫學院讀書。

兒子信誓旦旦地向母親和妹妹保證自己一定會成功，儘管妹妹對哥哥的計劃抱持疑慮，但是母親為了支持自己的兒子，雖然感到不安，還是把錢交給兒子，並說服女兒要相信自己的哥哥。

可以想見的，兒子的夢想並沒有實現，他的朋友一拿到錢之後隨即逃逸無蹤。兒子見希望落了空，只能硬著頭皮請求家人原諒。

妹妹一聽說哥哥所有的錢都被騙走了，憤怒的心情可想而知，用盡每一個想得出來的字眼責罵哥哥。

奇怪的是，母親始終坐在一旁，不發一語。

女兒好奇地問母親為什麼不生氣，母親溫和地對女兒說：「妳有沒有為妳哥哥而難過？我不是指為了失去錢而難過，而是為了你哥哥經歷的遭遇而難過。當一個人把事情做得很完美的時候，被稱讚或喜愛是天經地義的，可是，如果當一個人做錯事的時候，妳還依然喜愛他，那才是真正的寬宏大量。」

就跟故事中的母親對女兒的訓誡一樣，當一個人能力很強，個性也很好的時候，你和他相處愉快是很自然的。

只有在這個人處處讓你看不順眼的時候，你依然能和他相處愉快，這才是了不起的本事。

因此，與其把那些不愉快的情緒硬往肚子裡吞，不如學會讓自己的「肚子」轉變為「肚量」。

將這些情緒消化成屬於自己的養分，不是更好？

# 有時，無知也是一種幸福

豪情萬丈、知足常樂，孰是孰非、誰對誰錯並不重要，重要的是你想要哪一種生活方式。

所謂的幸福，其實只是一種心靈感受，幸不幸福完全取決於你選擇走什麼樣的人生道路。

無論你選擇的是哪一種人生，每一種都有優點和缺點，有不同的幸福和遺憾，不過，只要你過得心甘情願，你的人生就能充滿喜悅，並且了無遺憾。

透過薄薄的一層膜，兩隻蝶蛹好奇地往外看，外面五彩繽紛的世界和自己身處的雪白天地是多麼的不同啊！

「外面真是太漂亮了！」一隻蝶蛹忍不住驚嘆道：「我真希望現在就可以飛出去欣賞一番！」

「別傻了，我才不想呢！」另外一隻蝶蛹說：「前些日子突然下了大雨，蜜蜂呀、蝴蝶呀，手忙腳亂地四處尋找遮風蔽雨的地方，那個樣子說有多狼狽就有多狼狽，平時打扮得再怎麼艷麗，到了這種時候，又有什麼值得羨慕的呢？」

「可是，畢竟晴天還是比雨天多啊！」第一隻蝶蛹說。

「那又怎麼樣？你以為晴天就是太平天了嗎？」第二隻蝶蛹十分不以為然地繼續說道：「你沒有看新聞嗎？昨天才剛剛發生的事呢！有三隻短命的青蛙不小心跳進了蛇的肚子裡，還有一隻可憐的麻雀被不曉得從哪裡冒出來的石頭擊昏，外面的世界危機四伏，實在太可怕了！」

「可是，我們在這個小小的蛹膜裡，只能一動也不動地蜷曲著，活著也沒有意思，有什麼好呢？」

「我說你呀，簡直是身在福中不知福，別人羨慕我們都還來不及呢！除了蝶蛹，哪裡還有這麼好的住所呢？蝶蛹雖然小了一點，但是安全、有保障，而且環境清爽，沒有污染。」第二隻蝶蛹理直氣壯地教訓道。

第一隻蝶蛹沈吟了一會兒，表情堅定地說：「不管外面的世界到底怎樣，我一定要飛出去親眼見識見識。」

幾天之後，附近颳起了大風，無情的強風把一只乾癟的蝶蛹毫不留情地吹進河裡，蝶蛹逐漸下沉，慢慢地便隱沒在水裡了。

就在此時，天空中出現了另一隻青春美麗的蝴蝶，而且無畏風雨，開懷地在河面上翩翩起舞。

第一隻蝶蛹豪情萬丈，第二隻蝶蛹知足常樂，孰是孰非、誰對誰錯並不重要，重要的是你想要哪一種生活方式。

胸懷大志的人往往樂觀進取，一心只想把天下踩在自己腳下，在人生道路上經歷千辛萬苦，從期望到失望之後，他們終於明白了人生苦多於樂，總算是不虛此行。

另外一種則是躲在溫室裡的花朵，他們追求安逸的生活，不願遭受日曬雨淋，也禁不起一點風吹草動。

他們活在自己單純、封閉的象牙塔裡，有時你會爲他們看不見外面的綺麗風光而唏噓，但有時反而會羨慕他們，因爲他們擁有嬰兒般無知的幸福。

有時，無知也是一種幸福，不是嗎？

's gonna change my world.

About 30 fire trucks along w
rushed to the scene to brin
control. There were no rep
and the exact cause of the
determined, they said.

PART 9

# 別把自己交給運氣

抱著投機心態的人往往聰明反被聰明誤，
反而多走了許多冤枉路，
何不踏實一點，慢慢地走向目標呢？

## 仔細評估，才不會走錯道路

在人生的旅途上，我們一定會遇見阻擋的山澗，只要能冷靜思考，別逞匹夫之勇，遇見再多的突發危機，我們都一定能隨時化解。

找到了方向，我們第一件要做的事，不是低頭猛衝，而是先停頓一下，並仔細評估眼前的道路，隱藏了多少陷阱，並仔細地判斷，路的盡頭是死巷，還是成功的另一個入口。

有七位愛好登山的大學生，這天約好要去攀爬一座高山。

行動開始前，七位大學生認真地規劃好路程，並將山上的氣象預報或行經的山路情況，一一整理清楚，好讓每一位登山客都能充分了解自己即將克服的目標。

但是，凡事總會有意外的時候。

七位大學生的行程才進行到一半，老天爺忽然變臉，雲霧忽然迷漫整座山，學生們一時之間全迷失了方向。

所幸，有人在第一時間利用無線通訊設備，對外求救。山林的駐軍與警察們收到求救信號，也在第一時間出發、搜救，這才保住了幾位大學生的性命。

不過，就在他們被救下山的時候，其中有位體力透支的大學生躺在擔架上，竟很不服氣地對搜救人員叫喊著：「其實，我們都知道方向啦！」

搜救人員聽見他這麼說，很不客氣地訓了他一頓：「只知道方向有什麼用？雖然方向可以幫助你找到一條可行走的路，然而，你能確定那是正確的道路嗎？如果方向告訴你要往西走，因為它認定西邊有個小村莊，但是結果卻是山谷時，你該怎麼辦？如果，方向指示你要往北走，因為它認為北方有城鎮，結果竟是一條你無法橫渡的河流時，你該怎麼辦？」

這時，另一位搜救人員嘆了口氣說：「唉，年輕人，別太大意啊！到頭來，方向都沒有錯，但是路卻錯了，你恐怕要莫名其妙地餓死山林中啊！」

聽見搜救人員反駁「知道方向有什麼用」時，相信有許多人像似被當頭棒喝了一記，並開始反省、深思著：「那麼，怎樣才能選對正確的方向和道路呢？」

其實，人生就像這場登山意外，即使我們事前規劃得再妥當，也無法預料到突發的情況，而指南針唯一的功能，也只能指出的一個概要方向，即使我們照著方向走，面前出現了一條道路，也不一定是正確的人生路。

希望能成功抵達最後目標，靠的不只是一個明確的方向指標，還要有冷靜的智慧與判斷能力。爲了讓前進的每一個步伐都是踏實的累積，我們除了完善的生涯規劃，更要有突破的決心，與面對突發狀況的勇氣與實力。

在人生的旅途上，我們一定會遇見阻擋於眼前的山澗，只要能冷靜思考，別逞一時的匹夫之勇，遇見再多的突發危機，我們也一定能隨時化解。

# 心境就是通往幸福的捷徑

真正的幸福就來自於我們的內心。只要你覺得幸福，不論在什麼環境，你都是一個幸福的人。

美國作家萊辛曾經如此寫道：「我們的徬徨和無助，多半是基於我們對生命無知。」

其實，所謂的逆境，絕大多數是因爲我們過高地評估問題的嚴重性和困難度，因此，我們才會將別人眼中輕而易舉的問題，當成是自己生命中不能承受之重。

很久很久以前，在挪威的一個小村莊裡頭，有一個整天愁眉不展的年輕人，總覺得自己是世上最不幸的人。於是，他天天向上帝祈求，希望上帝能讓自己獲得幸福。

上帝聽到年輕人的祈求，就派來一位天使協助他。天使把年輕人帶到一個峽谷，然後告訴他這裡就是充滿神奇魔力的幸福峽谷，也是「人間天堂」。

年輕人看著峽谷中繁花盛開的美景，心情不由得豁然開朗。他還來不及對天使表示感激。天使就說：「每個人的一生中只能來這個峽谷兩次，你要好好珍惜另一個難得的機會啊！」

話剛說完，天使就消失不見了。

等到暮色降臨，年輕人才依依不捨的離開峽谷。從此，這個年輕人的生活態度有了大幅度轉變，因為他知道幸福峽谷能夠為他帶來幸福。他也一直牢記天使的告誡，不輕易動用他最後的機會。

他決定盡自己的最大努力去解決問題，不到萬不得已，絕對不到峽谷去。

奇怪的是，在他的努力下，所有的問題都迎刃而解，到了晚年，他已經是著名的成功人士。

在他生命的最後階段，他獨自來到幸福峽谷，跪在峽谷中感激上帝對他的厚愛，賜予他無限的幸福。

這個時候，天使倏然出現在他的面前，告訴他幸福全靠他自己的雙手去創造的，上帝只不過幫了他一點忙而已。

他不相信，說道：「這裡不是具有魔力的幸福峽谷嗎？」

天使笑了一笑，反問他說：「難道你真的認為，這裡跟別的峽谷有什麼不同嗎？」

他楞住了，仔細的觀察眼前的峽谷，終於恍然大悟。

面對生活的態度往往只取決於一念之間，樂觀的人覺得人生處處是幸福，所以過得幸福快樂；至於那些悲觀的人，因爲有著悲觀的想法，於是注定會有悲觀的結果。

很多人以爲追求幸福是一件很困難的事，其實，眞正的幸福就來自於我們的內心。

只要你覺得幸福，不論在什麼環境，你都是一個幸福的人。所以，你的心態，就是通往幸福最快速的捷徑。

愛迪生曾經這麼說：「失敗也是我所需求的，它和成功對我一樣有價值，只有在我知道一切做不好的方法以後，我才知道做好的方法究竟是什麼。」

的確，在人生過程中，一遇到逆境就不敢面對的人，會把逆境當成沉重的包袱。但是，勇於突破的人，則會把它當作邁向成功的墊腳石。

# 為自己製造貴人

當你身邊環繞的都是因你而成功的人時，你成功的機會還會少嗎？在成為別人貴人的同時，也正是為自己製造了一個貴人。

奧地利作家茨威格曾說：「一個人的力量很難應付生活中無邊的苦難，所以，自己需要幫助別人，也需要別人幫助。」

在我們的周遭隨時都可能遇見貴人，也可能隨時遇見小人。

雖然我們無法分辨誰是貴人，誰又是小人，可是卻有一個方法可以讓接近你的人都變成你的貴人。方法很簡單，那就是：設法成爲別人的貴人。

有一位哥本哈根的交通警察是自行車運動的愛好者。

這天早上，他正在市區執行勤務的時候，發現一輛自行車用飛快的速度騎過來，馬上拿出測速儀測定對方的速度有沒有違反交通規則。

騎車的人根本沒發現交通警察，還是保持原先的速度，甚至還越騎越快。毋庸置疑的，測速儀顯示的速度已經超過了規定，自行車騎士很明顯違規了。但是，令交通警察驚訝的是，測速儀上的速度竟然和汽車的速度不相上下！他實在不敢相信一個人可以把自行車騎得跟開車一樣快。

交通警察馬上把自行車攔下，發現騎士只是一個十五六歲的學生。

警察告訴這位學生他已經違反了交通規則，如果不說出他的學校和住址，就要對他處以重罰。學生說自己叫斯卡斯代爾，騎快車的理由是因為上學要遲到了。警察聽了，就對這個學生說：「那麼，你先去上學吧，以後我會跟你聯繫。」

不久，這個學生的學校接到一封信，發信人來自哥本哈根最著名的自行車俱樂部。這個俱樂部曾經培養出許多優秀的自行車選手。信中內容是歡迎斯卡斯代爾參加他們的俱樂部，他們會為他提供一切必要的訓練條件，信中還夾著一張警察測定的超速罰單。

這封信讓學校的師長有些驚訝，但最後他們還是鼓勵斯卡斯代爾參加自行車俱樂部。經過了四年的訓練，斯卡斯代爾不但成為全丹麥的自行車冠軍，還躍為奧運自行車項目的金牌選手。

斯卡斯代爾也因此終身感激這個發掘他天分的交通警察。

這個交通警察其實只要開一張罰單就沒事了，可是他卻願意給一個素昧平生的學生出人頭地的機會，熱心地將他推薦給自行車俱樂部，終於讓他揚名國際。

要成爲別人的貴人並不難，就看你願不願意而已。

或許有人會心胸狹隘地想，讓別人成功，不就等於是減少自己成功的機會嗎？其實不然。當你身邊環繞的都是因你而成功的人時，你成功的機會還會少嗎？當我們大方地成爲別人貴人的同時，也正是爲自己製造了一個貴人。

# 用誠心讓自己反敗為勝

有了決心、耐心和苦心，再加上鍥而不捨的誠心，就能讓自己反敗為勝。

不論生活或工作之中，我們都承受著來自各方面的壓力，也無可避免地遭遇各種挫折與困頓。有時候，我們要學會適時彎曲自己，以誠心去創造出更圓滿的結局。

適時彎曲自己，並不是低頭或失敗，而是一種彈性的生存方式，這是一種生活裡不可或缺的藝術。

有一家工業用設備製造公司，準備向國外的一個知名廠商銷售他們最新研發的工業設備。

負責這件案子的，是公司因為表現優異而頗受矚目的新人丹尼斯。為了不辜負公司的器重，他自然卯足了勁，全力以赴要做成這筆生意。

雙方在接洽的過程中原本進行得非常順利，只是在觸及到價格問題時，雙方出現了爭執。

站在丹尼斯和公司的立場，花了那麼多心血和資金才研發出來的設備，自然希望能賣到一個好價錢。

可是，對方的業務員在看到報價的時候，認為他的出價「至少貴了三成」，也就是說，如果不降價的話，他們就不會購買。

丹尼斯因此陷入了兩難的局面，如果降價，自己的公司獲利就會降低，如果不降價，就談不成這筆生意。

於是，他將談判的經過詳細跟公司報告，公司方面為了避免損失，便要他停止這筆生意。

可是，他卻不這麼想，認為對方公司之所以會開出這樣刁難的條件，一定有別的原因，而且都已經談到價格方面的問題了，就這樣放棄，未免太可惜了。

丹尼斯把他的想法跟公司報告後，公司決定讓他全權負責。

當丹尼斯去見對方公司業務員，並表明願意降價三成的時候，對方反而對他的舉動感到驚訝。

丹尼斯跟對方業務員說：「我們非常有誠意想跟貴公司合作，所以才願意做這麼大的讓步，請給我們一次機會。」

對方的業務員並沒有把這話放在心上，但丹尼斯仍然不死心，每天都到對方公司去報到，就算被找藉口婉拒，還是天天去拜訪。

就這樣，丹尼斯的誠心讓對方業務員的態度軟化了，公司方面也因此願意簽約了。在簽約的時候，對方這才跟丹尼斯說：「其實，我們原本打算跟別的公司簽約，因此才故意刁難你們。可是，你既然沒有因此知難而退，所以我們願意跟你合作。」

當談判的過程陷入僵局的時候，有三種方法可以打破僵局，重新挽回和對方的關係。

這三種方法很簡單，就是：決心、耐心、苦心。

因爲有決心，所以才有堅持的毅力。

因爲有耐心，所以才不會退縮。

因爲有苦心，才會下苦工修正讓對方感到不滿意的地方，直到對方滿意爲止。

有了決心、耐心和苦心，再加上鍥而不捨的誠心，往往就能讓自己反敗爲勝。

# 理解別人，是成功溝通的第一步

只要願意放下自我，真心的去理解別人，在一次一次減少衝突的過程中，良好的溝通默契自然會逐漸形成。

如果每個人都能夠用愛心對待周圍的人，毫無疑問的，這個世界一定會變得更美好。

日常生活中，設身處地爲對方著想，用適合的方式對待，如此一來，我們才能讓對方感受得到善意，也才能讓彼此的關係更和諧。

敏銳的心能讓我們設身處地的爲別人著想。只有能理解別人的人，才不會因爲個人的偏見，傷害到別人自己還不自知。

一名寵物店的店主在門口貼了一則降價出售小狗的廣告；廣告一出現，便吸引了附近孩子們的目光。

有一個小男孩在廣告貼出後不久，走進了寵物店，問店主人說：「小狗賣多少錢？」

店主回答：「一隻五十塊。」

小男孩聽了，從口袋裡掏出一些零錢：「我只有十塊錢，能不能讓我看看牠們？」

店主笑了笑，讓負責管理狗舍的員工把小狗帶出來。

不久，員工的身後跟著五隻活蹦亂跳的小狗，可是其中有一隻遠遠落在後面。

小男孩立即發現了落在後面一跛一跛的那隻小狗，問店主：「那隻小狗生病了嗎？」

店主跟小男孩解釋，說這隻小狗天生腿就有問題，只能一跛一跛地走路。

小男孩聽完後說：「我要買這隻小狗。」

店主說道：「你可以不用花錢，如果你真的想要牠的話，我就把牠送給你好了。」

小男孩不但不高興，還很生氣地對店主說：「我不需要你送給我，那隻狗和其他狗的價值是一樣的。我現在就付十塊錢給你，以後每個月付你十塊錢，一直到付完為止。」

店主苦口婆心地勸小男孩：「你根本不用買這隻狗，牠不可能像別的狗那樣又蹦又跳陪你玩。」

聽了店主的話，小男孩彎下腰，捲起左褲管，露出嚴重畸型的左腿，靠一個大大的金屬支架撐著。

小男孩輕輕地對店主說：「我自己的腿也不好，那隻小狗需要有一個能理解牠的主人。」

據說釋迦牟尼在說法的時候，曾經拿著一朵花面對眾弟子，一句話也不講。所有的弟子都不曉得釋迦牟尼要表達的是什麼，只有一個人會心一笑，於是釋迦牟尼就把衣缽傳給了他。

由這一段佛教故事，可以知道溝通的最高境界，就是「盡在不言中」。要達到這種境界，關鍵就在於要能保持一顆敏銳的心。

也許不是每個人都能在生活中與別人達到「拈花微笑」的溝通層次，但是，只要願意放下自我，眞心的去理解別人，在一次一次減少衝突的過程中，良好的溝通默契自然會逐漸形成。

# 別把自己交給運氣

抱著投機心態的人往往聰明反被聰明誤，反而多走了許多冤枉路，何不踏實一點，慢慢地走向目標呢？

居禮夫人曾說：「弱者坐待良機，強者製造時機，但是，智者則會在坐待良機和製造時機之前，先做好準備。」

一個人是否有成就，只須看他是否做好迎接挑戰的準備。不要依賴運氣，當你把自己交給運氣時，運氣就偏偏會選在這個時候離你而去。

不要以爲丟銅板矇中答案的機率是一半一半，有經驗的人會告訴你，它的命中率只有十分之一。「賭徒永遠是輸家」這句話，難道你沒聽過嗎？

韋伯在讀大學的時候，由於一下子失去了學業的壓力，整日沈浸在吃喝玩樂之中，一點兒也不用功，只希望每科都能低空飛過，不要被退學就好。

他平時不是和同學到處玩樂，就是待在電腦前玩線上遊戲，書本的最大用途是拿來當杯墊，他認為大學生就該這麼快活，教授應該不會故意跟他過不去。

到了期末的時候，有一個非常重要的化學測驗。考試的前一天晚上，大家都在熬夜K書，就連平時不用功的同學也紛紛收起了玩心，埋在書堆裡。

反觀韋伯，他卻優哉游哉地在電腦前打電動，一副天塌下來也不用害怕的模樣。同學們很替他擔心，要是明天的考試過不了，後果可是不堪設想。

然而，韋伯看著同學們憂心忡忡的樣子，卻「噗嗤」一聲大笑了起來。他說：「用用腦子，這其實很簡單！明天的考試總共有一百選擇題，我幾個月沒讀化學了，只好在考場裡丟銅板，我相信我能矇中六十題的。」

第二天，韋伯輕輕鬆鬆地走進了考場，一拿到考卷就開始丟銅板。不到半個小時，他就寫完了一百道題目，瀟灑地離開了考場。

考完試的隔天，他在走廊裡遇到了化學教授。

韋伯向教授問好，並問他說：「教授，請問考試的結果出來了嗎？」

教授笑著說：「已經出來了，你等一等。」說著，教授從口袋裡掏出一枚銅板，問韋伯：「你要正面還是反面？」

「嗯……反面。」

接著，教授把銅板拋向空中，然後十分帥氣地接住，看了看，皺著眉頭說：「非常遺憾，是正面，所以你被當了。」

最不用花時間的捷徑，不一定到得了目的地，它有可能會是個死胡同，甚至處處充滿危機，到頭來反而只會浪費你的時間和精力。

既然還有力氣，爲什麼要害怕多走一些路呢？

我們的目標不只是「到達」目的地而已，抱著投機心態的人往往聰明反被聰明誤，爲了到達目的地，反而多走了許多冤枉路，何不踏實一點，慢慢地走向目標呢？

# 不要因為一隻小蟲跟自己過不去

只要這些阻礙不會妨害到你，你就大可不必理會，因為只有當你注意到這些阻礙時，它才會對你造成影響。

蘇格拉底曾說：「想左右天下的人，必須先左右自己。」

的確，贏不了自己的人，更別說能打敗別人了。如果你不可能輸給自己，那麼，你還會怕輸給別人嗎？

眞正的聰明人不會因爲小事而分心，會控制自己的情緒，將聰明才智運用在適當的地方，再輕輕鬆鬆地收穫成果。

現實生活中難免會遇到一些令人煩心的小事，這些小事就像蒼蠅一樣，對你沒有很大的妨礙，卻總是在你身邊圍來繞去，讓你心浮氣躁，無法專注。

當這些「蒼蠅」圍繞著你的時候，如果沒有辦法將它們趕走，那就試著學會跟它們共存。千萬別因爲一隻微不足道的蒼蠅，轉移了注意力，讓自己模糊了成功的目標。

在一場國際矚目的世界撞球錦標賽中，一位蟬聯多次冠軍的選手在他引退前的最後一場比賽中，表現得出奇順利，只要把九號球打進袋，就能以世界冠軍的頭銜光榮退休。

就在這個令人屏息注目的時刻，不知道從什麼地方，飛進來了一隻小蟲。

這隻小蟲正好停在選手的手臂上，選手正準備擊球，卻因為小蟲的關係停下來，揮手趕走小蟲。

把小蟲趕走之後，選手集中精神，彎下腰準備擊球時，誰知道，這隻煩人的小蟲又來了。

這一次，小蟲停在選手的臉上，原本集中的注意力又被打斷，選手開始不耐煩了，用力揮趕那隻討厭的小蟲。

把小蟲趕走後，選手再度準備擊球，沒想到可惡的小蟲竟然又飛回來了，而且像個幽靈似的落在九號球上。

選手再也受不了了，生氣地拿起球桿就對著小蟲捅去。小蟲雖然受到驚嚇飛走了，可是選手在還沒瞄準的情況下就擊球，以致於打偏了，九號球沒進袋。

按照比賽規則，接下來該輪到對手擊球了。

對手抓住這個大好機會，不偏不倚地把九號球打進袋中，而且展開凌厲攻勢，最後反敗為勝。

這位選手想以世界冠軍頭銜退休的希望落了空，而且因為他已經公開宣佈退休了，再也沒有機會參加世界大賽。就因為一隻小蟲，讓這個冠軍選手耿耿於懷了一輩子。

不論多麼乾淨的地方，都會出現一些莫名其妙的小蟲，這就跟生活和工作一樣，再怎麼順利的事情，偶爾也會出現一些小阻礙。

只要這些阻礙不會妨害到你，你就大可不必理會，因爲只有當你注意到這些阻礙時，它才會對你造成影響。

就跟落敗的撞球選手一樣，如果他不把注意的目標放在小蟲上，就不會因爲心浮氣躁而抱憾終生。

當你在遇到這些「小蟲」的時候，記得，不要讓它們轉移了你的注意力，否則你就是跟自己過不去。

## 樸實是延續生命的最好方式

縱使生命來已到盡頭，回歸平淡，只要我們都曾把握住人生最精采的時候，那麼此生便已無限光彩！

東方哲人曾經寫過這麼一段話：「稻穗結得越飽滿，越會往下垂；一個人越有成就，就越要有謙沖的胸襟。」

人生其實就像河流，在靜靜流動的過程中，我們無須發出特別的喧嘩聲，因爲當歸入大海時，河流的生命也得到了永恆。

戴高樂是位人人敬重的法國總統，他在生前曾立下遺囑：「我不要富麗堂皇的葬禮，因為我只想回到我出生的科隆貝雙教堂村的那個小墓地裡，請我的家人為我舉行一個簡樸的儀式就好。」

一九七〇年十一月九日，這位拯救法蘭西的英雄去世了，人們也按照他的遺囑，買了一個只值七十二美元的橡木棺材，讓他回到自己的家鄉安息。

他的靈柩是由村裡的一名乳酪製造工人、一位農民，和一位屠宰工人的助手抬棺，他們一路送他到墓地裡。

戴高樂的墓碑，也只簡單寫著：「夏爾．戴高樂，一八九〇～一九七〇。」墓碑上，沒有記錄他生前的豐功偉績，簡樸的石碑與他的偉大業績相應，卻更顯輝煌。

和戴高樂用平淡為自己劃下句點一樣，看淡人生的音樂大師赫伯特．卡拉揚也是如此。儘管他擁有數十億美元的財產，但是他生前便已決定，要安息在自己的故鄉，因為那裡是他的家。

而且他連墓也沒有，墓地上僅有一個既未雕刻也未油漆的十字架，上面簡單地刻了大師的名字。

圍在墓地四周的則是一朵朵名不見經傳的白色小花，鎮上的人們說：「不是我們不願意為這位偉大的音樂家建築輝煌的墳墓，而是卡拉揚的後人一再表示，他們必須遵從死者的意願，或許這樣特有的簡樸，讓卡拉揚的一生更顯不凡。」

平淡結束來彰顯自己的一生風華，對於認眞生活過的人是再好不過的方式了，因爲，我們可以在一朵朵白色小花的襯托下，清楚地看見人們精采的人生。

謙卑與簡樸，經常是擁有非凡成就者的性格特徵，他們從不在乎人們的眼光，他們只知道要盡全力做好自己。無論他們的一生有多麼輝煌耀眼，又累積了多少功名，對他們來說，那始終只有一個代表意義：「一切盡自己本份便是！」

我們不妨反思一下，自己是那種工作過程中容易滿足，且不計功勞的人，還是在事情尚未完成前，便急於搶功的人呢？

看著戴高樂平淡樸素的葬禮，看著卡拉揚平淡無華的墓園，我們也領悟到：

「縱使生命來已到盡頭，回歸平淡，只要我們都曾把握住人生最精采的時候，那麼此生便已無限光彩！」

# 進化中隱藏退化危機

人們越來越習慣依賴，習慣於各種輔助工具的幫忙，如此一來，我們天賦的一些生活能力，是否也正在不知不覺退化呢？

有人說，生活在如此便捷的現代環境中，無須追求吃苦耐勞的態度，或積極競爭的精神。

但是，你眞要這麼想嗎？

如果，失去了追求或競爭的目標，只知一味地享受生活，生活中還能激起多少燦亮的火花呢？

傳說，很久以前，有兩隻蜜蜂兄弟各自因一個偶然際遇，分別到了歐洲和非洲。多年以後，牠們的後代分別被稱為非洲蜂與歐洲蜂。

不過，令人驚訝的是，這兩隻蜂蜜在這不同的地域所繁衍出來的後代，竟然養成兩個截然不同的特性。

在歐洲，因為氣候溫和、蜜源充足、環境優裕，而造就了性情較為溫和善良的歐洲蜂。而面對非洲酷熱的氣候，必須在屢遭野生動物與人類偷襲的環境中成長的非洲蜂，卻顯得兇悍、機敏許多。

昆蟲學家將這兩種蜜蜂捉來比較後發現，當牠們同時遭遇襲擊時，歐洲蜂得花四十三秒的時間才能做出反應，而非洲蜂卻可以在二十五秒內，做出即時反擊。

另外，像是測敵的靈敏度，歐洲蜂最多只能追到三十米遠的距離，而與敵人作戰時，頂多只能抗爭三分鐘，過了三分鐘便命不保矣。然而，非洲蜂的攻擊能力卻相當強，不僅可以追到二百米遠，更可以連續作戰九十分鐘。

於是，有人提出了一個問題：「不知道，牠們之中哪一個是進化？哪一個算退化呢？」

大多數昆蟲學家的回答是：「非洲蜂是進化，而歐洲蜂是退化的例子。」

那麼人呢，在日益優裕的大環境中，是否也在加速退化？看看人們馴養呵護的那些動物們，不也受了牽連？

就像馬戲團裡的老虎，當人們看見馴獸師將老虎馴服得如此聽話，乖乖地配合表演時，無不驚嘆，然而換個角度深思，如此乖巧的老虎，是否也隱藏著一種本能退化的危機？

歐洲蜂的進化，同時也是一種退化。在這個瞬息萬變的現代世界中，當我們有著越來越多的方便或精緻生活時，也許應當小心選用，因爲在那之中，存在了許多可能讓人因爲依賴而不自覺退化的可能性。

時序前進，從萬物在不斷進化中，我們也看見了退化的危機，在各種便利生活的工具或輔助出現時，人們也越來越習慣依賴，習慣於各種輔助工具的幫忙。

從中，我們何不換個角度思考，如此一來，我們天賦的一些生活能力，是否也正在不知不覺退化呢？

's gonna change my world.

About 30 fire trucks along
rushed to the scene to brin
control. There were no rep
and the exact cause of the
determined, they said.

PART 10

# 成功，需要適當的時機

成功需要一個適當的時機，
時機到了，一切自然水到渠成，
時機未到，再怎麼費盡唇舌去解釋也是枉然。

# 激發生命最內層的潛力

瑞士作家艾彌爾曾說：「人的體內潛在著無限可能的力量，就像一塊燧石，只有經過鐵的撞擊，才會迸射出美麗的火花。」

有人說，人生其實就像是一個龐大的賣場，每個人盡可以在那裡進行有利於自己的買賣，但是，不管你想獲得多少，都必須付出一定的代價。

正是因爲每個人的能力不同，欲求程度不同，可以承受的代價也不同，所以世間才會有優勝劣敗的差別。

有一個媒體記者前去採訪一位號稱身價高達數十億元的本土企業家，請他談談自己白手起家的成功經驗。

這位富豪談起自己的奮鬥歷程時，謙虛地說：「我之所以會有今天的成就，其實完全要感謝我太太。」

記者聽了很感動，認為他是一個不忘本的人，便接著問道：「是不是因為她陪你同甘共苦，一路走過創業的艱難時期？」

誰知這位富豪翻翻白眼，說：「喔，不，才不是這麼回事，當初我只是很好奇，想知道我究竟必須賺多少錢，她才花不完？」

這位富豪的話當然是半開玩笑性質，但是，人類確實有某些潛在的天賦、才能，只有遭遇鉅大的打擊、刺激，才會被激發出來。

瑞士作家艾爾爾曾說：「人的體內潛在著無限可能的力量，就像一塊燧石，只有經過鐵的撞擊，才會迸射出美麗的火花。」

拿破崙在談論他的麾下大將馬賽那時就曾說：「在平常的時候，他的眞面目是不顯露出來的，但是一看到士兵的屍體堆積如山時，他內在的獸性就會突然發作，像魔鬼一般奮勇殺敵。」

這些平常難以發現的雄厚潛力，每個人都有，而且每每隱藏在生命的最內層，所以普通的刺激無法把它們喚醒。

但是，當一個人被嘲笑、被揶揄、被欺凌、被侮辱到無以復加的時候，這股潛伏的力量，就會從生命的最內層甦醒，然後爆發出來，幫助他成就在正常情況下絕對不能成就的事業。

# 真正厲害的人，不會說自己很厲害

真正了不起的人，不會用身外之物來包裝自己，外表的華麗一旦失去了內在的支持，它崩壞的速度，就只在剎那間而已。

在我們周遭的環境充斥著一種怪異的現象：越是外表光鮮亮麗的人，內心越是平凡無奇，而有些外表看似不起眼的人，內在的智慧卻相當豐富。

雖然這個現象不一定是一條定理，但是爲了不要讓自己陷入「以貌取人」的窘境，我們在評斷一個人的時候，還是不要以第一印象來做決定。

喬治的父親是個很平凡的人，一隻腳還有點跛，所以喬治總是想不透，為什麼母親會跟這樣一個毫無優點的人結婚？

有一回，學校舉行籃球比賽，因為這是喬治的第一場比賽，很希望母親能來看他打球。母親聽了，就對喬治說她跟父親兩人都會出席。喬治連忙搖搖頭，向母親表示自己不希望父親參加。

母親很驚訝，便問喬治為什麼。喬治有點不悅地回答說，他不希望同學知道父親是個有缺陷的人。

母親聽了很生氣，正準備要教訓喬治時，父親正好走過來對他們說，這幾天他要出差，所以沒辦法去看喬治比賽。

母親聽了父親的話，只能深深嘆了一口氣。

後來，喬治的球隊不負眾望獲得了冠軍，在回家的路上，母親很高興地對喬治說，要是他父親知道了這個消息，一定會很高興。

原本興高采烈的喬治，聽完母親的話，臉色卻沉了下來，對母親說他不希望提到父親。

母親的臉色開始凝重，對喬治說：「孩子，這話我本來不想說的，可是，我如果再隱瞞下去，很可能就會傷害到你的父親。你知道你父親的腿是怎麼跛的嗎？」

喬治搖搖頭，表示不知情。

母親說：「在你兩歲的時候，你父親帶你去公園玩。在回家的路上，有一輛汽車急馳而來，你父親為了保護你，左腿因而被車輪輾過。」

喬治聽完，頓時呆住了。

母親嘆了口氣，說道：「你父親不讓我告訴你，就是不希望你因為這件事而感到內疚。」

喬治被這個突如其來的消息震驚得說不出話。

母親接著又說：「還有一件事你也不知道，你的父親就是布萊特，那個你最喜歡的作家。」

喬治更加驚訝了，母親說：「你父親不讓我告訴你這些，是怕影響你的成長。現在你既然知道了，你就應該了解，你父親是多了不起的人。」

喬治萬萬沒有想到，一直以來總是讓自己抬不起頭的父親，竟然會是這麼有名的人物。

眞正了不起的人，因為明白而且肯定自己的價值，所以不會用身外之物來包裝自己，至於那些粗俗、膚淺的人正好相反，為了贏得別人的青睞，往往刻意把自己包裝得光鮮亮麗。

如果你不明白這一點，很容易會被外在的矯飾迷惑，看不出誰才是眞正值得你仿效的對象。

畢竟，外表的華麗一旦失去了內在的支持，它崩壞的速度，往往只在刹那之間而已。

# 跟你不喜歡的人做朋友

學習接納自己不喜歡的人，不但更有效的開展自己的視野，也能增加自己在不同領域中的人脈，讓自己更具備競爭的優勢。

言行高傲，把一切喜怒哀樂都寫在臉上的人，無疑會讓自己陷入人際關係的險境中，處處遭遇障礙。

不懂得控制自己情緒的人，就無法超越自己，很容易成爲現實生活中的失敗者，無法讓自己有一番成就。

在現實生活中，不可能總是碰到跟你合得來的人，必定有幾個是你看不順眼或使你厭惡的人出現。

如果你只會以排斥的態度來對待你不喜歡的人，最後你的朋友只會越來越少，導致自己的人際關係寸步難行。

在美國東部有一所全美知名的私立學校，這所學校的入學成績需要平均九十分以上才能夠提出申請，而且它的學費高得嚇人，相當於一個普通家庭整個月的開銷，因此進入這所學校的學生都是家境富裕又成績優異的。

雖然這所學校培育出許許多多優秀的人才，但是它有一個非常嚴重的困擾。因為學校緊鄰著一個治安非常差的貧民區，學校的玻璃經常被貧民區的兒童打碎，學校學生的車子總是被偷，學生在晚上被搶已經不是新聞，甚至還有女學生遭到強暴的事件發生。

這些層出不窮的犯罪事件，不但嚴重影響學生的人身安全，對學校的聲譽也有所損害。

「像我們這麼優秀的學校，怎麼能跟貧民區相連呢！」因為這個想法，董事們一致通過用學校雄厚的財力，把貧民區的土地和房子買下，改建為學校校園。

這樣一來，不但校園變大了，也可以讓那些貧民離學校遠一點。

可是，問題並沒有因此解決，反而變得更加嚴重。因為，那些貧民雖然搬走，卻只是向外移而已，學校還是跟貧民區相連，加上廣大的校園不容易管理，結果反而使治安變得更糟了。

董事會沒辦法，只好請當地的警官一起來商量解決之道。

警官對董事們說：「當你們跟鄰居處不來時，最好的方法不是把他們趕走，而是應該試看去了解他們，進而才能改變他們。」

警官的話讓董事們恍然大悟，於是改變方針，為貧民區的兒童設立補習班，捐贈教育器材給鄰近的中小學，還開放部分校園為運動場，提供貧民區的青少年們使用。

就這樣，沒過幾年，不但學校周圍的治安變好了，連貧民區的生活水準也跟著提高，不再稱為貧民區了。

學會和你不喜歡的人做朋友，也是拓展人際關係不可缺少的一種能力。

像上述提到的學校，當董事們選擇以排斥的手段解決問題時，問題只是變本加厲而已；一旦放下了心中的成見，願意敞開心胸接納時，問題反而就能夠迎刃而解。

在我們的生活中也是如此。學習接納自己不喜歡的人，不但比上任何課程更快、更有效地開展自己的視野，也能增加自己在不同領域中的人脈，讓自己更具備競爭的優勢，何樂而不爲呢？

# 自然，是美麗的最高境界

美麗的最高境界就是自然，濃妝艷抹給人的印象，遠不如清新自然來得討人喜歡。

如果你不懂得改變自己，那麼，無論你的衣著或外表做了多少改變，你都還是原來的那個人。想要提高自己的價值，就要眞實地表現出自己的內在才華，不能像寓言故事中的烏鴉一樣，只懂得在身上插滿孔雀的羽毛。

每個人多多少少都會對自己的外表感到不滿意，尤其是女性，對外貌斤斤計較的程度，由媒體上花樣百出的各種塑身廣告、美容產品等就可以窺知一二。

當然，愛美是人共通的天性，但不是每個人都懂得用對的方法讓自己更美，否則也不會有這麼多弄巧成拙的新聞出現。

某家跨國唱片公司傾全力要塑造出一位年輕的世界級偶像男歌手，除了進行長期歌唱技巧訓練之外，還安排了服裝儀容訓練、說話技巧訓練等各式各樣的課程，希望能夠讓這位新人一砲而紅，成為耀眼的明日之星。

經過長期的訓練，這個新人果然脫離原本的青澀稚嫩，才剛出道，上電視節目宣傳時說起話來不但頭頭是道、有條有理，不遜於主持人，服裝造型也沒有絲毫瑕疵，歌唱技巧更是無懈可擊。

這麼完美、搶眼的新人，自然會受到媒體的注意。可是，奇怪的是，唱片公司努力了兩年，耗費了許多成本訓練出的新人，卻始終沒有成為一鳴驚人的偶像。

唱片公司的經營高層開了許多會，還是百思不解，不明白新人沒有辦法成為偶像的原因，於是，決定請一位知名的形象專家重新來為新人塑造形象。

專家一出手，情況果然就大不相同，才短短幾個月，新人就成為紅遍大街小巷的超級偶像。

專家讓新人翻身的方法非常簡單。首先，專家不但沒有再繼續訓練新人，反而還停止了一些沒有必要的訓練課程，外表的造型也由原來的光鮮亮麗恢復平凡。

專家儘量拿掉新人的外在包裝，並且要求新人恢復大男孩原本該有的青澀模樣，不要故作成熟穩重。專家對新人說，就算回答問題時講話結巴也沒有關係。

就這樣，新人去除了外表那些多餘的包裝，遇到敏感的問題還會臉紅的模樣，深受歌迷們喜愛，而他說起話來欲言又止的樣子，更是讓歌迷們心動。很快地，新人果然不負唱片公司所望，成為眾所矚目的偶像。

美麗的最高境界就是自然，濃妝艷抹給人的印象，遠不如清新自然來得討人喜歡。就算是整形，也沒有人希望整形後的結果會看起來很虛假，可見每個人心目中對美的看法，還是以自然爲基礎。

其實，所謂的自然，簡單說就是「適合自己」。只要能找出最適合你的裝扮，專屬於你個人的美就會自然散發出來。這種自然美，才是別人無論如何也模仿不來的。

# 成功，需要適當的時機

成功需要一個適當的時機，時機到了，一切自然水到渠成，時機未到，再怎麼費盡唇舌去解釋也是枉然。

科學家愛因斯坦曾經勸告年輕人說：「不管時代的潮流和社會風尚怎樣，人一定可以憑自己高貴的品質，超脫時代和社會，走自己正確的路。」

不要拘泥於我們所處時代的流行價值，也不用在意別人的觀感和看法，如此，我們才能走出屬於自己的道路。

羅丹在他五十六歲那年，展出了一座大文豪雨果的雕像。

為了表現雨果氣宇軒昂的文學家氣勢，羅丹塑造了一個渾身充滿活力、栩栩如生的雨果。

只是這個雨果沒有穿衣服，只用了一條浴巾輕鬆地裹住身體，外在與內在相互輝映，羅丹的雕像不只刻出了雨果的軀體，還表現了他的靈魂。

不過，當政府官員看到這座雕像時，卻一點也笑不出來。他們原本期望看到的是一個規矩、莊嚴，穿著得體的偉人，如今這個偉人卻近乎一絲不掛地站在他們面前，於是他們非常生氣，不懂得這有什麼可取之處。

於是，羅丹遭受了嚴厲的批評，報上的輿論說他風格拙劣、品味低級，甚至喜好色情，而且還有暴露狂的傾向。

兩年之後，羅丹又舉辦了一次展覽，這次展出的是法國另一大文豪巴爾札克的雕像。

巴爾札克本人長得又矮又胖，樣貌更是一點兒也不出眾，但是羅丹所雕塑的巴爾札克卻頂天立地，眼神銳利如獅，氣勢有如疾風暴雨。

羅丹雕出了巴爾札克的精髓，是世人無法透過外表見到的另一面。然而，這樣偉大的藝術作品並不被當時的人們接受，人們只相信他們眼中所看見的，只期待看到他們所熟悉的，因此，羅丹再一次遭受猛烈的攻擊與惡意的扭曲。

得不到知音的失落感，不僅使羅丹心情沮喪，還使他病倒床榻。但是，這些打擊並沒有使他一蹶不振，正因為不被世人了解，所以他更加不能放棄自己的堅持；正因為不受人矚目，所以他把所有的熱情都投之於努力創作。

許多年後，隨著人們觀念的開化，在一次大型展覽中，羅丹終於受到了表揚，多年的努力終於有了開花結果的一天，他所有的作品都被收藏在「羅丹閣」裡，記載著這位藝術大師光輝的歷史。

當你成功了，你才可以不用理會旁人的冷言冷語。

當你成功了，你才能理直氣壯地說：「堅持是對的」。

否則，你所有的堅持在別人眼中都只是「固執」，你的勇往直前在別人眼中只是「剛愎自用」。

別忘了，世人總是只看結果的，在你什麼都不是的時候，你的話通常也沒有人相信。

羅丹的奮戰歷程告訴我們，成功需要一個適當的時機，時機到了，一切自然水到渠成，時機未到，再怎麼費盡唇舌去解釋也是枉然。

當然，如果你沒有羅丹那樣的驚世之才，就不要太過自以爲是，與其等待一個適合你的時機，不如把握眼前的機會好好努力，只有盡了全力，你才能創造出自己的天地。

# 訊息，是成功的彈藥

邁向成功的過程就像一場戰爭，想要打贏這場戰爭，你就不能缺少最重要的彈藥——訊息。

法國文豪巴爾札克曾經寫道：「機會來的時候，像閃電一般短促，如果你在之前沒有做好準備，根本來不及抓住它。」

的確，機會來臨之前，必須做好準備，因爲，只有在準備充分的情況下，才能抓住稍縱即逝的機會。

如果你在平時不懂得充實自己，做好準備，即使有一百個機會找上你，你照樣會眼睜睜地，看著這些機會從指縫中溜走，原因是你根本沒有準備好接受這些機會的足夠能力。

有一個販毒集團的成員，在遭遇警方圍捕的過程中，為求脫身，挾持了一位議員。這個歹徒向警察宣稱自己的身上綁了炸藥，如果不聽他的指示，他就會跟議員同歸於盡。

警方不確定歹徒是不是真的像他宣稱的身上綁有炸藥，不過，知道這個販毒集團的成員中的確有爆破專家。

為了人質的安全，警方只好答應歹徒的要求，派出一架直昇機將歹徒送往安全的地方。

這位議員一直遭到歹徒挾持，直到歹徒認為自己已經安全脫險了，才把他釋放。過了幾天，飽受驚嚇的議員回來了，他對警方說，挾持他的歹徒不但沒有炸藥，身上連槍都沒有，只有一把小刀而已。

就這樣，警方在訊息不足的情況下，讓一名歹徒逃逸無蹤。

不論做什麼工作，充分的準備都是必須的，而所謂充分的準備，其實就是看你所掌握的訊息充不充足。

具備充分訊息，對所要做的事就一定會有深入的了解，在制定計劃時就不會像無頭蒼蠅一樣。如果，你不事先掌握充足的訊息，就算再有把握的事，到頭來也可能因此而失敗。

在這個瞬息萬變的世界裡，沒有什麼是絕對不變的，這一分鐘的形勢，到了下一分鐘也許會產生天翻地覆的變化。

在這個時代，只有時時補充訊息，才能掌握形勢變化的關鍵，以做出最好的因應對策。

邁向成功的過程就像一場戰爭，想要打贏這場戰爭，你就不能缺少最重要的彈藥——訊息。

# 不要讓自己的愛變成傷害

「愛」的最大致命傷，就是自以為是。只有學習如何寬容的來看待愛，悲劇才有可能不再繼續上演。

愛有很多種類，每個人都知道在對家人、情人、朋友等不同的人時該表現出怎麼樣的愛。

可惜的是，大多數人都懂得愛的表現方式，卻不懂得拿捏愛的分寸，由於無法超越自己的情緒，使得許多原本應該是會讓人幸福的感情，最後以悲劇收場。

有七個旅行家和一個生物學家結伴到南太平洋的加拉巴哥島考察，因為這個海島上有許多太平洋綠海龜用來孵化幼龜的巢穴，他們想實地觀察幼龜離巢的情形。

太平洋綠海龜大約一百五十公斤左右，但是，牠的幼龜體重卻不及牠的百分之一。

一般而言，幼龜離巢，爬向大海的時期是每年的四五月之間。因為幼龜的體型嬌小，所以從龜巢爬到大海的過程中，一不注意就可能成為盤旋在島上的禿鷹等食肉鳥的食物。

這一群人到達島上時，很快就發現一處大龜巢，他們靜靜的在旁邊觀察著。

突然，從巢裡探出一隻幼龜的頭，似乎在偵察外面是不是安全，這個時候，一隻盤旋在空中的禿鷹發現幼龜的蹤影，馬上衝到地面，用利嘴啄幼龜，企圖把幼龜拉出巢穴。

在旁邊觀察的旅行家緊張地看著幼龜奮力掙扎，其中一個人急著對生物學家說：「你快想想辦法啊！不然幼龜會被吃掉的。」

誰知，生物學家竟然若無其事地回答：「這是大自然的生存規則，我們不能加以破壞。」

這七個旅行家很生氣生物學家的無動於衷，於是不顧他的阻止，隨即衝出去趕走禿鷹，抱起幼龜走向大海。

就在旅行家抱走幼龜後不久，成群的幼龜立刻從巢中魚貫而出。

原來，被抱走的幼龜是整群幼龜的「偵察兵」，一旦遇到危險，便會返回龜巢通風報信。現在，負責偵察的幼龜被引向大海，巢中的幼龜便以為外面很安全，於是紛紛爬向大海。

在爬向大海的沙灘上毫無遮蔽，這群幼龜很快引來許多禿鷹，剎那間，數十隻幼龜成為這些禿鷹口中的食物。

旅行家們被這幅景象嚇住了，個個手足無措的站在原地。

生物學家見狀，立刻迅速抓起數十隻幼龜奔向大海，這時旅人們才如大夢初醒，急忙跟著生物學家的動作，不斷來回奔跑，儘量拯救其他的幼龜，算是對自己過錯的一種補償。

「愛」的最大致命傷，就是自以爲是。

一味用自己認爲最好的方式來愛人，結果往往就會像那群旅人一樣，造成難以彌補的傷害。

由社會新聞中常常出現的感情糾紛，我們就可以知道「自以爲是」的殺傷力有多驚人。

人必須超越自己的情緒，只有學習如何寬容的來看待愛，悲劇才有可能不再繼續上演。

# 煩惱，都是因為自己胡思亂想

如果我們在面對各種競爭時，內心仍然可以優游自得的話，那無論外在環境如何變遷，我們自然就能以冷靜的態度來面對。

現代人最大的煩惱，就是「煩惱太多」。

現代社會競爭激烈，幾乎從一出生開始，就必須面對競爭。小時候是學業成績的競爭，出了社會是工作競爭，等年紀大了，又爲了自己的孩子而要與別人競爭。

由這些競爭衍生出來的煩惱，自然就不勝枚舉了。

以下這個東方的佛教寓言故事，或許會給你一些啓示。

有一個小沙彌正在學習如何入定，可是每一次他快要入定時，旁邊都會出現一隻大蜘蛛來搗亂，讓他沒辦法專心。小沙彌無可奈何之下，只好請教老和尚。

小沙彌對老和尚說：「師父，我每次要入定時，都會有一隻大蜘蛛出來搗亂，趕也趕不走，該怎麼辦呢？」

老和尚回答：「這樣吧，你下次準備入定之時，先準備一枝筆拿在手上。如果大蜘蛛再出來搗亂，你就在蜘蛛的肚皮上畫一個圈，看看到底是什麼妖怪在擾亂你？」

小沙彌遵照老和尚的囑咐，準備一枝筆拿在手上。

等到準備入定時，大蜘蛛果然又出現了，小沙彌馬上拿起筆在蜘蛛的肚皮上畫了個圈圈。沒想到才畫好，大蜘蛛就不見了，因為沒了大蜘蛛，所以小沙彌能夠安心地入定，再也沒有被干擾。

過了好長一會，小沙彌結束入定，睜開眼睛一看，赫然發現原來畫在大蜘蛛肚皮上的那個圓圈，竟然出現在自己的肚皮上！

這時候，小沙彌才明白，原來一直在入定時擾亂自己的蜘蛛，不是來自外界，而是源自於自己的思想。

從此，他對修行才有了更高境界的領悟。

小沙彌的困擾來自於自己，這也說明了我們絕大部分的煩惱，都是自己的胡思亂想。

有句話說：「天下本無事，庸人自擾之」，世界上的事往往就是這樣，外在環境會產生變化是自然的，就像激烈的競爭，是因爲社會飛速進步的關係一樣。眞正會產生決定性因素的，反而是我們內心的想法。

如果我們在面對各種競爭時，內心仍然可以優游自得的話，那無論外在環境如何變遷，我們自然就能以冷靜的態度來面對，不該有的煩惱也因此而減少許多。

# 讓愛成為自己的力量

只有不斷發揮這股愛的力量，讓周遭的人和自己不斷交流，我們才能生活得更自在、更從容。

人之所以能存在於這個世界上，是因爲與其他動物相比，受到哺育和保護的時間要長得多。

也就是說，一個人終其一生，都會受到各種不同人對我們的疼愛及照顧。正因爲有了這些支持的力量，所以我們才能生存得比其他動物要好。

考古學家曾在龐貝古城的遺跡中，挖掘出一對連結成一體的骨骸。經過科學家的研究，發現這對骨骸是一對母子，母親的身體緊緊抱住懷中的孩子。想必是因為火山突然爆發，來不及帶著孩子逃出，母親只好用自己的身體護住小孩，只不過，孩子還是無法逃脫被火山熔岩吞噬的命運。

這副骸骨出土之後，引起各界不小的震撼，原來一個母親對孩子的愛，可以不顧一切到這個地步。

這副骸骨，讓我們見識到愛的力量。

同樣的情形，也發生在著名的沉船鐵達尼號上。

有一對老夫婦，帶著他們最心愛的小孫女一起去旅行。小孫女的天真無邪，使老夫婦的旅途更加輕鬆愉快，多了更多的歡笑。

然而，就在回家的途中，他們卻遇上了沉船的危機。

從知道有危險的那一刻起，老太太就片刻不離地把活蹦亂跳的小孫女抱在懷裡。在等待救援的過程中，老先生也不停叮嚀老太太，一定要想辦法抱著孩子逃生，不能讓孩子在生活都還沒開始的時候就失去生命。

老夫婦兩人眼看著船逐漸下沉，只有用盡平生的力氣緊緊抱住孫女嬌小的身體，一起被無情的大海吞噬。

等到老夫婦的屍體從沈船裡打撈上來時，人們驚訝地發現，老太太因為緊緊地將孫女摟在自己懷裡，導致兩個身體已經連成一體，再也無法分開。

來自親友的疼愛及照顧，已經不再只是單純的爲了生存而產生的自然法則，而是轉化成支撐我們內心的一股力量。

因爲這股力量，使我們在遇到挫折、失敗之時，不管再傷心難過卻還，是可以再站起來，而且這股力量，是每個人都擁有的。

只有不斷發揮這股力量，讓周遭的人和自己不斷交流，我們才能生活得更自在、更從容。

's gonna change my world.

About 30 fire trucks along v
rushed to the scene to brin
control. There were no rep
and the exact cause of the
determined, they said.

PART 11

# 不要變成
# 別人的影子

一個只想著迎合別人，
希望成為別人的人，
只能在人生的路上隨波逐流，
沒有辦法找出屬於自己的方向。

# 不要變成別人的影子

一個只想著迎合別人，希望成為別人的人，只能在人生的路上隨波逐流，沒有辦法找出屬於自己的方向。

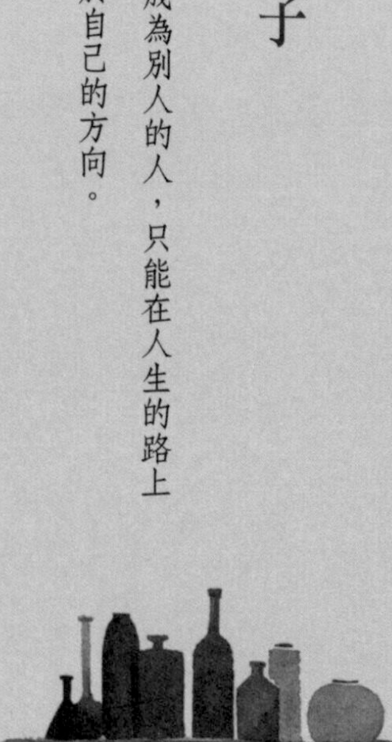

有的時候，人要知道「認命」。這裡指的認命，不是要你屈服於自己的命運，而是能夠明白，不管你如何模仿別人，你還是你，不會因此變成另外一個人。

每個人都是獨一無二的，所以，只要竭盡所能做好自己，這就是所謂的「認命」。

奧列弗·戈爾德·史密斯曾經寫過這麼一則寓言故事。

從前，有一位畫家的夢想是畫出一幅人人見了都會喜歡的畫。畫家嘔心瀝血的畫完之後，拿到市集中去展出，他在畫的旁邊放了一枝筆和一則佈告，佈告上寫著：「每一位看過這幅畫的人，如果認為有畫不好的地方，都可以用筆在畫中標明記號。」

到了晚上，畫家從市集中把畫拿回家，發現整幅畫上面都塗滿了記號，沒有一個地方不被指責。

畫家看了這個結果，對自己這次的嘗試感到十分失望。

但是，他沒有因此洩氣，決定試試看另一種方法。於是，他又臨摹了一幅相同的畫，拿到不同的市集中展出，可是這一次，他要求每一位看過畫的人，把他認為畫得最好的地方標上記號。

這天晚上，當畫家拿回畫的時候，發現畫上面又被塗滿了記號，但不同的是，那些上一次被指責得體無完膚的地方，如今卻都被視為生花妙筆。

做任何事，只要能讓一部分人滿意就夠了，因爲，在有些人眼中視爲醜惡的東西，在另一些人的眼裡卻可能是美麗的象徵。

我們在做一件事之前，經常會考慮別人的反應來決定該怎麼做，而不是按照自己的意願去行動。尤其諸如所謂「成功」、「幸福」等定義，似乎已經有了約定俗成的標準，如果沒有達到這個標準好像就是不對的。

弗洛伊德說過：「人們常常會有錯誤的判斷標準，他們為自己追求權利、成功和財富，而且羨慕別人擁有這些東西，因此往往低估了生活的真正價值。」

其實，人生的價值應該讓自己來認定，一個只想著迎合別人，希望成爲別人的人，只能在人生的路上隨波逐流，沒有辦法找出屬於自己的方向。

因此，認命的做自己，永遠不要想變成別人的影子！

# 經過磨練，才能面對挑戰

讓孩子們親自經歷生活的磨練，他們才能明白生活的精采，過多的保護傘，反而會讓他們失去生存的能力。

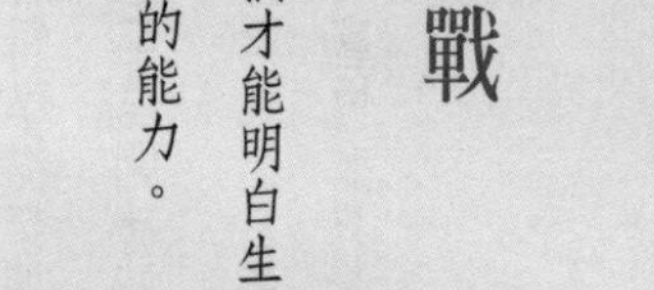

人人都懂得愛，但並不是人人都知道該怎麼樣去愛，才是最正確的。這種「造成傷害的愛」最常出現在父母身上。

父母親對子女的愛雖然是人世間最美好的情感表現，可是倘若愛的方式不對，它也能成爲最鋒利的武器，日後受到傷害的將是孩子。

不論哪個年代的父母親，都希望把最好的東西給自己的孩子。尤其身爲現代的父母，爲了讓孩子覺得「有面子」，都盡其所能地把最好的物質享受加諸在孩子的身上。

但是，這種態度真的正確嗎？對孩子們的愛，聰明的父母應該有更多的表達方式。

美國知名的喜劇演員戴維·布瑞納在接受電視台的訪問時，談到「家」是他一切成就的最大原動力。

布瑞納說：「從小，家境的富裕或貧困一直沒有造成我的困擾或自卑。直到我高中的畢業典禮時發生了一件事，才讓我深深感覺，原來自己和別的同學竟然存在著那麼大的差異。」

布瑞納繼續回憶說，當時班上所有的同學都穿著父母為慶祝他們畢業而送的西裝來參加畢業典禮，有些更有錢的同學甚至還開著新車來學校，只有他一個人仍然穿著破舊的牛仔褲和襯衫。

那個時候，他的心裡沒有一點畢業的喜悅，只覺得自己為什麼沒辦法跟別人一樣收到畢業禮物。

等畢業典禮結束，他回到家的第一件事，就是跟他父親說：「爸爸，我今天畢業了，您有畢業禮物要送給我嗎？」

布瑞納的父親沒有說話，只是看著布瑞納，從上衣口袋中取出一樣東西，然後把禮物放在他的手上，原來是一枚硬幣。

父親溫和地告訴他：「拿這枚硬幣去買一份報紙，從頭到尾看一遍，認真地給自己找一個工作，到這個世界去闖一闖吧。」

當布瑞納還在遲疑的時候，父親拍了拍他的肩膀，對他說：「孩子，這個世界現在已經屬於你了。」

布瑞納最後告訴記者：「那是我第一次，也是最後一次對我的家庭感到羞恥。當我按照父親的話做了之後，我才發現我父親送我的禮物不是任何名貴西裝或轎車比得上的。因為我父親給我的，是整個世界，和一片屬於我自己的天空。」

俗話說：「與其給一個人魚吃，不如教他如何釣魚。」

讓孩子們親自經歷生活的磨練，他們才能明白生活的現實和精采，如果父母給予他們過多的保護傘，反而會讓他們失去生存的能力。

愛護孩子，就給孩子們正確的價値觀與生活態度。

孩子們跌倒時，別急著疼惜的上前扶起，不妨先守護在身畔，爲他們加油打氣，如此一來，他們才有機會學習獨立站起，也更有能力迎向未來的每一次挑戰。

如果你學會了正確的疼愛方式，不僅孩子會有更好的未來，更會有正確的人生態度，自己也一定能享受到身爲父母的喜悅感。

## 要為自己的選擇負責

有的選擇題做錯了可以再重來，有的卻會使人懊悔不已。但無論如何，都要擁有為自己的選擇負責的勇氣。

常常有人會討論到底是愛人幸福，還是被愛幸福？其實，這都是一種選擇方式而已。

學習如何做好自己的選擇題，並且不要怕面對錯誤的選擇。如此一來，你就會有一個既豐富又多彩的人生。

有一個叫韋格的奧地利女孩，不但長得漂亮，還有藝術的才華。她在大學裡主修油畫，時常受到老師的肯定，因此有了開個人畫展的念頭。

為了完成韋格的這個心願，她的男朋友一直在旁邊支持她，設法要幫她籌備個人畫展。

正當兩人為經費不足而一籌莫展的時候，韋格的男朋友恰巧看到世界小姐的選拔廣告，心想只要初賽通過就有獎金，因此鼓勵她參加世界小姐選美比賽。

韋格原本只想通果初賽，沒想到不但初賽過了，還一路晉級到了在拉斯維加斯的決賽。最後，韋格成了一九八七年的世界小姐。

當選世界小姐後，韋格從平凡的大學生，搖身一變成為眾所矚目的知名人物，榮耀和財富也隨之而來。

這時候的韋格已經不需要畫展了，連當初一直支持她的男朋友，也因為韋格忙碌的生活和眾多的追求者而跟她分手。

就在韋格的生命和事業如日中天的時候，卻不幸患上了克里曼特綜合症。這種病最大的危險在於會使雙眼視力逐漸衰退，直到失明，而且無藥可治。

當世界小姐可能會失明的消息經過媒體報導之後，有一位名叫帕迪的南非小男孩寄給韋格一包土，並在信中說他們家鄉的人，都用這種神奇的土來治療眼疾。

韋格不相信一包土能治好她的眼睛，但是因為連醫生都沒辦法了，只好懷著姑且一試的想法試試看。

結果，奇蹟出現了，這種神奇的土竟然真的把她的眼睛治好了。

眼睛恢復正常的韋格，更積極以世界小姐的身分參與各種活動，也因為經常出入上流社會的場合，認識不少有錢人，後來還因此嫁了一個美國富翁。

可惜的是，世界小姐的頭銜雖然為她帶來了財富和地位，卻沒有為她帶來婚姻幸福的保證。

韋格的感情一直很不順利，先後結了六次婚，但卻沒有一個男人能讓她幸福。最後，這個原本立志成為畫家的女孩，因為受不了情感的打擊，選擇了自殺一途。

在人的一生中，會碰見大大小小、各式各樣的選擇題。有的選擇題做錯了可以再重來，有的卻會使人懊悔不已。

但無論如何，都要擁有爲自己的選擇負責的勇氣，因爲這是一個成熟的人必須具備的特質。

所謂的負責，是肯承擔自己選擇錯誤的後果，而不是像韋格一樣，因爲錯誤的選擇而結束自己的生命。

畢竟，錯誤也是讓我們成長的機會，就這樣結束生命不是太傻了嗎？

# 工作是為了讓生活更美好

人為什麼必須工作呢？為了興趣工作的人畢竟是少數，但是有了工作，才能讓我們不用工作的日子顯得如此美好。

工作是爲了生活，還是生活是爲了工作？

學生不喜歡上學，上班族不想上班，連老闆都在等放假；那麼人爲什麼必須工作呢？

大多數的人都一定會這麼回答：「工作是爲了賺錢啊！工作才會有收入，有能有足夠的錢養家活口。」

但是，當你有足夠的收入，想法會不會改變呢？

有一個醫生，開業了十多年之後，終於存了一大筆錢，足以讓他這輩子不愁吃不愁穿。於是，在四十五歲那年，他決定退休，帶著全家人移民紐西蘭，想要開始好好地享受人生，每天過著隨心所欲打小白球的生活。

然而，一年之後，這個醫生居然放棄了那種無憂無慮的生活，回到了原來的地方繼續工作。

朋友們都覺得很不可思議，甚至懷疑他是不是炒房地產炒焦了，才必須要回來重操舊業。

醫生笑著說：「我回來工作不是為了賺錢，而是為了繼續我的人生。你試試看，連續一個月每天打高爾夫球會不會覺得厭煩？我煩到連草皮都不想看到，沒有工作的生活就好像坐牢一樣。」

朋友們都好奇地問：「為什麼？」

醫生解釋道：「每天一睜開眼睛就是等吃飯，吃完飯之後等打球，打完球之後就只能等死了。每天就這麼等，實在讓人受不了，等到頭髮都白了，不如回來工作，至少可以過得踏實一些。」

醫生之所以說得如此輕鬆豁達，是因爲他「選擇」工作，完全是出於自願；而一般人卻通常是被工作所「選擇」，那種出於「不得不」的心態，當然使工作的快樂減損很多。

人就是這樣，有足夠條件不工作的人，老是大聲疾呼有工作眞好；不得不工作的人卻總是叫苦連天，不明白工作到底有什麼好。

人爲什麼必須工作呢？

爲了興趣工作的人畢竟是少數，但是我們可以確定的是，有了工作，才能讓我們不用工作的日子顯得如此美好。

# 得不到的，不一定是最好的

與其為了那些得不到的虛幻事物而不快樂，不如轉而相信自己得到的就是最好的。這樣一來，你的每一天才會充滿著快樂。

很多夫妻在吵架的時候，都只看到對方的缺失，而看不到對方的優點，而出現尖酸刻薄的對話。

這種只知道傷害對方的對話，不但解決不了問題，還會越演越烈，到最後演變成離婚的情形比比皆是。

其實，仔細想想，當初你不就是認爲對方是最適合的另一半，所以才決定結婚的嗎？

既然如此，爲什麼兩個人在經過一段婚姻生活後，原來互相吸引的優點卻蕩然無存，反而會產生出許多感嘆和埋怨？

追根究底，或許是因爲「得不到的，永遠最好」心態在我們的體內作祟吧！

有一則寓言故事，似乎可以說明這種心態。

有個人天天向上帝禱告，祈求上帝讓他的願望實現。上帝聽見了他的祈禱，出現在他面前，拿出兩個蘋果代表他祈求的兩個願望，讓他選擇要實現哪一個。這個人考慮了很久，終於下定決心，選擇了代表他認為自己最希望實現的願望的那個蘋果。

上帝微笑著答應了他的願望，就在他接過蘋果，轉身離去的那一剎那，他突然後悔，想跟上帝調換成另一個蘋果。

但是，當他轉身回頭時，上帝已經不見了。

結果，雖然上帝實現了他的一個願望，但他還是整天想著他失去的那個願望，悶悶不樂地過了一生。

人總是對得不到的東西抱著過多而不切實際的期待，以致於忽略了自己已經擁有的。

這種人從來沒想過，自己所擁有的，也許正是別人想要卻得不到的；而且那些得不到的，其實根本沒有那麼好，也許只是自己一廂情願去美化它而已。

所以，與其爲了那些得不到的虛幻事物而不快樂，不如轉而相信自己得到的就是最好的。

這樣一來，你的每一天才會充滿著快樂。

# 充滿熱忱就是快樂的法門

快樂的條件不在金錢多寡，不在外表是否漂亮，也不在頭腦是否精明。快樂的真諦，在於擁有理想和希望。

快樂的定義有很多，根據世俗的定義，快樂不外乎要有充足的金錢、漂亮的外表或是聰明的頭腦……等等。

但是，當這些東西你都有了，是不是就一定會快樂呢？

大家都知道希爾頓飯店是世界知名的連鎖飯店，可是卻很少人知道，希爾頓飯店的創辦者肯那特·尼柯爾森·希爾頓是直到三十一歲的時候，才下定決心經營旅館的。在這之前，希爾頓做過許多不同的工作，也因為這些工作，使他累積了各式各樣的經驗，成為日後經營飯店時最重要的參考。

除了經驗之外，行銷學者觀察出希爾頓另一個成功的要素，就是隨時隨地讓自己保持熱忱。希爾頓曾經說過，只要讓自己樂在工作，熱忱自然而然就會跟著出現，因為快樂能讓自己的身心保持年輕狀態，而且充滿著熱忱。

一個老邁且孤獨的富翁，不會比一對爲子女勞碌的貧窮夫妻來得快樂。同樣的，嬌生慣養，從小到大養尊處優的人，不見得比一個獨立自主的人來得快樂。

由此可知，一個沒有未來的人，或是不知道未來在哪裡的人，是很難得到眞正的快樂的。

就像希爾頓一樣，即使在三十一歲才決定開創自己的事業，也因爲具備快樂的特質，讓自己的事業能夠成功。

可見，快樂的條件不在金錢多寡，不在外表是否漂亮，也不在頭腦是否精明。快樂的眞諦，在於擁有理想和希望。

# 你並沒有想像中那麼重要

如果你不把自己看得太重要，那你就不會把自己沒有勇氣向前邁進的原因歸咎給別人。

生活中，我們最常犯的錯誤就是拿一些無關緊要的小事來困擾自己，消耗自己寶貴的時間精力。

如果我們不能妥善運用智慧，使自己成爲生活的眞正主人，那麼我們就會因而淪爲生活的奴隸。

想要改善自己的這項缺失，首先就是放鬆自己的神經。

每個人都害怕做錯事，總認爲自己如果下錯了某些決定，就會成爲別人眼中的笑話。

其實，這種想法根本就是多餘的，除非你在團體裡擁有舉足輕重的地位，不然的話，會因爲你的一言一行而受到明顯影響的，恐怕只有你自己而已。

約翰已經留了很多年的鬍子，有一天，他突然心血來潮，想把那些鬍子剃掉，可是又有點猶豫，不知道朋友、同事對他的新造型將有什麼看法，會不會因此而取笑他？

考慮了幾天，約翰終於下定決心，先把鬍子稍微修剪了一下，不要一下子全部剃光。

第二天上班的時候，約翰已經做好應付同事反應的心理準備。

結果卻出乎約翰意料之外，根本沒有人對他的鬍子改變有任何評價，辦公室的每個人都各自忙著自己的事情，沒有一個人對約翰的新造型發表過任何意見。

到了中午休息時間，約翰終於忍不住開口問同事：「你們覺得我這個樣子好不好看？」

同事愣了一下：「什麼樣子？」

約翰大聲的說：「你沒有注意到我今天有點不一樣嗎？」

同事們這才開始從頭到腳打量約翰一番，最後終於有人開口說：「喔！你的鬍子變少了。」

有位著名的藝術家也曾經有過相同的經驗。

這位藝術家出生在一個大家庭，每次到了吃飯的時候，都是幾十個人一起坐在餐廳裡。

有一次，他決定跟大家開個玩笑，於是在吃飯前把自己藏在飯廳的櫃子裡，想等大家都找不到他時再出來。

沒想到，大家絲毫沒有注意到他不在，等到大家把飯都吃完了，他才垂頭喪氣走出來吃剩下的飯菜。

從這樣的結果，這位藝術家學到了一個很重要的教訓：「永遠不要把自己看得太重要。」

如果你不把自己看得太重要，就不會把自己沒有勇氣向前邁進的原因歸咎給別人。

可惜的是，並不是每個人都擁有這樣的自覺。有很多人抱持著自以爲是的觀念，以爲自己的所作所爲有很大的影響，所以遲遲不敢行動，以致於白白浪費許多大好機會，結果只是讓自己永遠只能在原地踏步。

其實，想要成爲眞正具有影響力的人，只有一個辦法：積極地將自己的想法付諸行動。

# 成全別人也等於成全自己

最好的愛意表現絕不是勉強佔有，遠遠看見他們幸福地享受真愛，那才是「最愛」的表現。

第一次聽見歌者唱著「成全你，等於成全我自己」，我們也領悟了，愛的眞諦就是不要因爲自己的固執和盲目，而讓你我身邊的人也跟著受苦。

再深刻濃烈的「愛過」終究已過，學會成全別人幸福，我們才能重新看見屬於自己的幸福。

在英國，有一個十分著名的徵婚廣告，幾乎每一個看見這則廣告後都會十分心動。原因是因為照片上的徵婚人長得很好看嗎？還是家財萬貫呢？

都不是，事實上這則廣告是刊登在一個墓碑上的。

那是一個位於英國馬休爾斯郊外的一塊墓碑，上面刻著這樣一段文字：「約翰‧費德斯頓，在一八〇八年八月十日死去。但是，死後的他卻十分掛念他的妻子，他走了，妻子就沒有人陪伴了，他非常希望有人能安慰她。她還很年輕，芳齡三十六，還具備了一切為人妻母的最佳美德，她目前居住在教堂街四號。」

是的，我們沒有看錯，這是一則死者為他的妻子設計的徵婚廣告，一切就如他臨死前對家人說的：「在我死後，只要安娜幸福，沒有悲傷、寂寞，我才能真正地瞑目！」

「一切，只要妳好，我就安心！」這是費德斯頓先生對於妻子的無盡疼惜，他的愛正穿透了長夜，在黑暗中熊熊不熄地為他的妻子照耀、燃燒著。

愛能怎麼定義？要鰥寡者一輩子孤獨死守，還是讓他們知道：「只要你找到了幸福，我也會感到幸福！」

愛沒有標準，只要兩情相悅便已是最好的狀況了；反之，愛到極至之時，如果曾經的愛戀已經失去了平衡，你是否願意讓這個愛有一個好的結局，願意爲愛犧牲，並讓成全另一對眞愛呢？

人心是否易變，確實沒有人能夠測量出來，但是，「成全別人也等於成全自己」，卻是沉醉在愛情世界裡的男男女女，在愛消失之時應當謹守的遊戲規則。

因爲，最好的愛意表現絕不是勉強佔有，遠遠看見他們幸福地享受眞愛，那才是「最愛」的表現。畢竟，有一天我們也會找到眞愛，當對方也不願放手、企圖佔有的時候，我們終將明白：「真正的愛，包含了犧牲、成全，與你好我也好的幸福分享！」

## 珍惜，才能讓自然生生不息

海洋、大地與自然萬物，無盡地供給我們有形無形的生活資源，從未向你我要求回報，但是我們難道不該認真回報並善加珍惜？

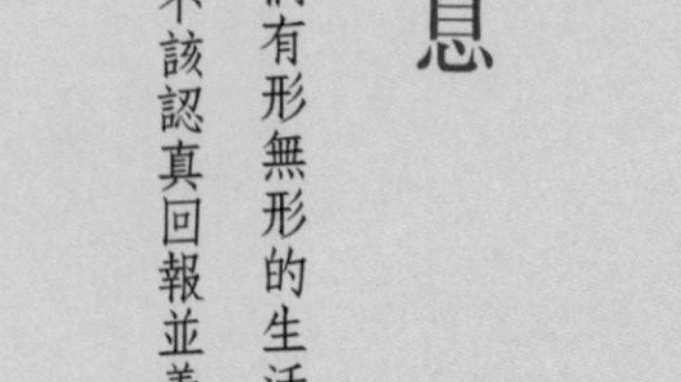

生命終有結束時，一代代地傳遞，爲了是要讓萬物有更好的進化。

無論那一個生物鍊的進化，都會有必然的相互倚靠關係，其中當然也包含了人與天地萬物之間的關聯。

如果其中有任何一個環結，被你我消耗殆盡了，那麼最終受害的始終是人類自己。

馬修是一名牧師，居住的地方有一片非常美麗的花園。花園附近有一所學校，學生們很喜歡抄近路上下學，其中又以從花園穿過是最快的途徑。

只是，孩子們似乎並不懂得欣賞花園的美麗，只要學生們一經過，花園裡的花朵不是被踩死，便是被摘光。

有一天，有一個孩子經過這裡，牧師正巧在花園裡整理花圃。男孩看見牧師，便很有禮貌地問道：「請問，我能摘一朵花嗎？」

牧師微笑地看著男孩，又問：「你想要哪一朵呢？」

男孩指著一朵非常潔白的鬱金香：「這一朵。」

只見牧師點了點頭，旋即又問：「它已經是你的了，如果你願意讓它留在這裡，那麼花兒將綻放更長的時間；如果現在就將它摘下來，你恐怕只能欣賞幾個小時而已！你決定怎麼處理它呢？」

男孩聽完牧師的話，沉思了許久，最後說：「我想，我還是把它留在這裡好了，以後我每天都會來看它。」

牧師微笑地點點頭，說道：「好，我會小心地幫你照顧它的。」

那天下午，神父又讓十二個學生停下來挑選「自己的花朵」，而這群學生都同意讓他們的花朵留在花園的土壤裡，直到枯萎。

那一年，馬修的花園一朵花也沒少，花兒甚至還開得比以往更美麗。馬修笑著對朋友說：「今年一朵花也沒有被折損，而且還換來了許多花友情誼。」

看完了故事，想像自己如果遇到相同的情況，是否也願意讓花朵繼續在土壤裡生長，還是想摘下獨佔？

聰明的馬修牧師知道，直斥孩子們摘花的錯誤行爲，不如教導他們學會對生命的尊重。

也許，有人會以爲花朵已經是「屬於」孩子們的私有物了，又怎麼會有「尊重」的意涵？

你看，孩子們最後都決定「讓花兒繼續留在土壤中綻放」，便是最好的證明了。因爲在孩子們被賦予掌控花兒生存權的同時，他們的心中也產生了「花朵有生命」的認知，更有了花兒的生命一如自己一般擁有獨立生命的體會，進而激起了他們對於生命尊重，即使它只是朵小花。

回到你我的身邊，仔細看看身邊的大自然，你是否也願意付出相同的尊重與疼惜的心思呢？

海洋、大地與自然萬物，無盡地供給我們有形無形的生活資源，從未向你我要求回報，但是我們難道不該有回饋感恩的心，認真回報並善加珍惜？

# 知足，就是幸福

只要你願意轉換個角度，重新面對未來的生活，在這個世界中，一定會有個讓你發展、謀生的角落。

這個世界是公平的，無論你處在什麼樣的環境中，幸福與辛勞的比例必然各佔一半，所以身處幸福環境中的人，請別再抱怨辛苦與付出，並珍惜你現在所擁有的一切。

因爲，眞正懂得什麼叫幸福的人，習慣從辛勞中發現幸福，並懂得從匱乏不足的生活環境中看見希望。

有兩隻貓正坐在窗邊，中間隔著一道玻璃，一隻坐在窗外，一隻則在窗內。

雖一樣是白貓，但是外面那隻白貓看起來似乎在街上流浪很久了，很久沒有清洗了吧，所以渾身看起來又髒又黑。

這時屋裡的白貓正咬著魚乾，而流浪貓則在窗外輕輕地舔著自己的腳爪。

家貓一面吃一面問流浪貓：「你最近到哪裡去了？」

流浪貓很不以為然地說：「我？剛到電視塔玩了一趟！」

家貓一聽，驚奇地問：「電視塔！」

流浪貓指了指前方說：「是啊！就是那裡。」

家貓好奇地問：「好玩嗎？」

流浪貓點了點頭：「當然有趣極了。你想，站在一百多公尺高的地方，可以俯瞰全城，到了晚上，城裡的燈光全部綻放，五顏六色，漂亮極了！」

家貓一聽，繼續追問：「喔，比電視裡的好看嗎？」

流浪貓點點頭：「那當然！只不過，上面沒什麼吃的東西，無法久待。」

流浪貓說著，眼神直盯著窗裡的魚乾，忍不住嚥了嚥口水。這時，家貓竟生氣地說：「沒吃的有什麼關係！每天吃這些魚乾，我都吃厭了！唉，我要是能出去看看，不知道有多好！」

流浪貓搖了搖頭，忍不住說：「你的魚乾好香啊！」

家貓說：「你去找塊石頭來，我用這條魚乾和你交換。」

流浪貓一聽，立即跳到地面找了塊石頭回來。

「這個太小了！」家貓立即糾正流浪貓叨來的石頭。

「這還是太小了！」當流浪貓推來了另一顆石塊時，家貓還是不滿意地拒絕。

這時，流浪貓抱怨地說：「你出來幫幫我啦！我剛剛發現了一塊大石頭，可是我搬不動它。」

只見家貓嘆了口氣，道：「唉！我要是能出去就好了，你也不用這麼辛苦搬石頭了！你難道不知道我要石頭做什麼嗎？我要你幫忙把這塊玻璃敲破啊！」

流浪貓這時才清醒過來，也無奈地嘆了口氣：「唉，我真想進去哪！」

一隻想出走卻走不出去的家貓，一隻是想進門卻進不了門的流浪貓，一扇透明的玻璃窗阻在牠們兩個之間，似乎也區分出牠們分別站立的兩個不同世界。

當家貓厭煩魚乾時，我們看見了流浪貓有一餐沒一餐的困窘，反之，當流浪貓努力想進入家貓的世界時，我們也看見了家貓走出囚籠的渴望。從中，我們看見了，相互羨慕對方的兩隻貓，也看見了牠們的「不知滿足」。

其實，我們不也經常像這對小貓一般，經常認爲別人的才是最好的，或是從別人身上挑出我們還未實現的慾望目標，心中的不滿便在這樣的偏頗中不斷地孳生。

就像故事中的結果，人生也是如此。當心中總是帶著羨慕眼神，卻不懂得珍惜目前所擁有時，即使身處在美麗世界，我們也無法感受其中的幸福。

如果你是窗內的家貓，不必羨慕流浪貓的精采歷險，因爲眼前所擁有的幸福，不是人人可得。

當然，如果你像窗外的流浪貓，那更要好好珍惜這樣的環境和機會，因爲窗外確實是個自由寬廣的天空。別像流浪貓一般自怨自艾，只要你願意轉換個角度，重新面對未來的生活，在這個世界中，一定會有個讓你發展、謀生的角落。

# 可以輸給別人，千萬不要輸給自己

生活良品

48


作　　者　王　渡
社　　長　陳維都
藝術總監　黃聖文
編輯總監　王郡凌
出 版 者　普天出版家族有限公司
新北市汐止區忠二街 6 巷 15 號
TEL / (02) 26435033 (代表號)
FAX / (02) 26486465
E-mail：asia.books@msa.hinet.net
http://www.popu.com.tw/
郵政劃撥 19091443 陳維都帳戶
總 經 銷　旭昇圖書有限公司
新北市中和區中山路二段 352 號 2F
TEL / (02) 22451480 (代表號)
FAX / (02) 22451479
E-mail：s1686688@ms31.hinet.net
法律顧問　西華律師事務所・黃憲男律師
電腦排版　巨新電腦排版有限公司
印製裝訂　久裕印刷事業有限公司
出 版 日　2022 (民 111) 年 4 月第 1 版
I S B N◎978-986-389-816-0　　條碼 9789863898160





國家圖書館出版品預行編目資料

可以輸給別人，千萬不要輸給自己／
王渡著.一第 1 版.一：新北市,普天出版
民 111.4 面；公分. - (生活良品；48)
I S B N◎978-986-389-816-0 (平裝)

普 天 之 下 · 盡 是 好 書

普天出版家族
Popular Press Family

淩雲
A Plus Creative Company
文創